COLECCIÓN POPULAR

640

CARTA SOBRE EL COMERCIO DE LIBROS

Denis Diderot

Carta sobre el comercio de libros

Estudio preliminar
de Roger Chartier

Edición, traducción y notas
de Alejandro García Schnetzer

Fondo de Cultura Económica

México - Argentina - Brasil - Colombia - Chile - España
Estados Unidos de América - Perú - Venezuela

Primera edición en español, 2003

© Del estudio preliminar: Roger Chartier
© De la traducción: Alejandro García Schnetzer
© 2000, FONDO DE CULTURA ECONÓMICA DE ARGENTINA, S. A.
     El Salvador 5665; 1414 Buenos Aires
     fondo@fce.com.ar/www.fce.com.ar
     Av. Picacho Ajusco 227; 14200 México D. F.

*El traductor agradece la valiosa ayuda de Valeria Satas y del Prof.
José Burucúa.*
Diseño de cubierta: Sebastián García Schnetzer
Imagen de cubierta: Blasón de la comunidad de impresores y
libreros de París (siglo XVIII)

ISBN: 950-557-549-1

IMPRESO EN LA ARGENTINA - *PRINTED IN ARGENTINA*
Hecho el depósito que marca la ley 11.723

Nota Preliminar
LA PROPIEDAD Y EL PRIVILEGIO

En el otoño de 1763, Diderot redacta una memoria a la que asigna sucesivamente diversos títulos. Al manuscrito que pasa en limpio durante los primeros meses de 1764 da el primer título de *Lettre historique et politique adressée à un magistrat sur le commerce de la Librairie, son état ancien et actuel, ses règlements, ses privilèges, les permissions tacites, les censeurs, les colporteurs, le passage des ponts et autres objets relatifs à la police littéraire** Ese dilatado título, en forma de sumario, señala que el destinatario de la memoria es un "magistrado". Se trata de Antoine Gabriel de Sartine, que entonces ocupaba el puesto de lugarteniente general de policía de la ciudad de París (del que se hizo cargo en 1759), así como también la Dirección de la Librería, donde había su-

---

* *Carta histórica y política dirigida a un magistrado sobre la Librería, su estado antiguo y actual, sus reglamentos, sus privilegios, los permisos tácitos, los censores, los vendedores ambulantes, el cruce de puentes y otros asuntos relativos al control literario.*

cedido a Malesherbes en octubre de 1763. Algunos años más tarde, en una carta destinada a Madame de Meaux en 1775, Diderot evoca el proyecto de una colección de obras diversas donde publicar su *Lettre…*, la que en adelante designa como "un fragmento sobre la libertad de prensa donde expongo la historia de los reglamentos de la Librería, las circunstancias que la hicieron nacer, lo que se debe conservar y lo que se debe suprimir". "Libertad de prensa": con esas palabras, Diderot indica cuál es de por sí la significación esencial de un texto que a primera vista parece presentado como una simple memoria "histórica y política" destinada a examinar los reglamentos que organizan el comercio del libro.[1]

En efecto, la ocasión es excelente para someter ante el director de la Librería una crítica agu-

---

[1] La memoria de Diderot fue reeditada parcialmente en: Diderot, *Sur la liberté de la presse*, texto parcial fijado, presentado y anotado por Jacques Proust, París, Editions Sociales, 1964. Fue publicado íntegramente en: Diderot, *Oeuvres complètes*, t. VIII, *Encyclopédie IV et Lettre sur le commerce de la librairie*, edición crítica, anotada y presentada por John Lough y Jacques Proust, París, Hermann, 1976, pp. 465-567. El texto se encuentra disponible en el sitio web de la Asociación de Bibliófilos Universales: http://abu.cnam.fr/ bajo el título original. Respecto de la historia del texto, cabe citar el artículo de Jacques Proust, "Pour servir à une édition de la Lettre sur le commerce de la librairie", en: *Diderot Studies*, III, 1961, pp. 321-345.

da acerca de la censura y sus desastrosos efectos. Cuando aborda "ese asunto un poco más delicado" que los otros, Diderot intenta demostrar que las interdicciones son ineficaces ya que no impiden de ningún modo la circulación de las obras prohibidas y que, por el contrario, favorecen su venta. La ironía se vuelve entonces mordaz, por ejemplo, con el "en consecuencia" empleado para la caracterización de las *Cartas persas*:

> ¿Qué libro más contrario a las buenas costumbres, a la religión, a las ideas recibidas de la filosofía y la administración, en una palabra, a todos los prejuicios vulgares y, en consecuencia, más peligroso, que las *Cartas persas*? ¿Acaso hay algo peor? Y sin embargo, existen cien ediciones de las *Cartas persas* sin que haya un escolar del colegio de las Cuatro Naciones que no encuentre un ejemplar por 12 soles en la ribera del Sena.

Inútiles, las interdicciones son, además, ruinosas para los libreros franceses, pues sólo dan provecho a los editores extranjeros que imprimen los títulos prohibidos y los introducen en el reino de manera clandestina. Los libros verdaderamente peligrosos no son aquellos que la censura designa como tales:

> Ante todo le diré, señor: los verdaderos libros ilícitos, prohibidos, perniciosos, para un magistrado justo,

que no se ocupa de pequeñas ideas falsas o pusilánimes y que se atiene a la experiencia, son los libros
que se imprimen fuera de nuestro país y que nosotros adquirimos del librero extranjero, cuando deberíamos poder conseguirlos por nuestros impresores. Son ésos y no existen otros. (p. 129)

Las necesidades del comercio y los progresos de
la verdad se alían, por lo tanto, con el fin de exigir una mayor libertad para imprimir. Para ase-
gurarla, no es necesario abolir la censura previa
por más que el ejemplo de Inglaterra pudiera ins-
pirar una decisión semejante, pues, como lo escribe irónicamente Diderot, "Me enfadaría mucho si esa política se estableciera aquí: enseguida
tendríamos demasiados sabios". Para garantizar
la "libertad de prensa" basta con "multiplicar los
permisos tácitos al infinito", utilizando un meca-
nismo que ya existe y que ha sido inventado por
la Dirección de la Librería. Los permisos tácitos,
primero puramente verbales y luego registrados
como si se tratara de obras extranjeras cuya venta
está autorizada en el reino, no implican, a diferencia de los permisos "públicos", la aprobación
del canciller. Instaurados para permitir en Francia la impresión de títulos que no podían ser ofi-
cialmente aprobados pero que, sin embargo, no
eran tan peligrosos para ser prohibidos o dejados
en manos de los libreros extranjeros, los permisos tácitos se convierten, para Diderot, en el ins-

trumento de desmantelación de la censura previa. En efecto, "es casi imposible imaginar un caso donde se decida rehusar un permiso tácito" dado que los autores de las "producciones infames" no se aventurarán por cierto a pedir una autorización, siquiera "tácita", para sus obras. Establecer la libertad de imprimir dentro del régimen de la censura monárquica, incluso gracias a él: tal es la primera paradoja de la memoria de Diderot.

Y no es la única. La *Carta...* es, en efecto, una obra por encargo, pedida a Diderot en nombre de la comunidad de libreros parisinos por su síndico, Le Breton, quien fue el principal editor de la *Encyclopédie*. Los libreros parisinos estaban inquietos ante la eventual supresión de los privilegios de librería que, según ellos, debían asegurarles un derecho exclusivo y perpetuo para la publicación de las obras que habían adquirido de sus autores. La decisión del Consejo del Rey, que en 1761 había acordado a los descendientes de La Fontaine el privilegio por las ediciones de sus *Fábulas*, los había alarmado pues anulaba los derechos de aquellos libreros que habían obtenido (o deseaban obtener en el futuro) un privilegio para su publicación. Tal decreto "apartaba al estatuto de los libreros de sus fundamentos". De ahí que se pidiera a Diderot la elaboración de una memoria que legitimara la "permanencia inalterable" de los privilegios de librería.

La aceptación de Diderot puede sorprender. Por una parte, sus relaciones con los libreros parisinos estaban lejos de resultar idílicas. Cada uno de los contratos que había firmado para la *Encyclopédia* (en 1747, 1754, 1759 y 1762), establecía condiciones menos que mediocres por parte de los editores, a quienes denomina "mis corsarios".[2]

En 1764, cuando se dé cuenta de que Le Breton ha mutilado ciertos artículos del diccionario tras la corrección de las pruebas, la situación será aún peor. Por otra parte, sorprende verlo combatir las corporaciones y los monopolios, que él considera como otras trabas nocivas al comercio, y sostener la necesidad de los privilegios de librería. El fastidio de Diderot frente a tal "paradoja" (la palabra viene de su pluma) se muestra a lo largo de toda la memoria, incluso abre el texto:

Ante todo he de decirle, señor, que aquí no se trata simplemente de los intereses de una comunidad. Qué me importa que exista una comunidad de más o de menos; a mí, que soy uno de los más celosos partidarios de la libertad entendida en su acepción más amplia; [...] que siempre he estado convencido de que las corporaciones son injustas y funestas y que vería en su abolición entera y absoluta un paso hacia una manera más sensata de gobernar. (p. 33-34)

[2] Véase Jacques Proust, *Diderot et l'Encyclopédie*, París, Armand Colin, 1967, pp. 81-116.

¿Por qué, en ese caso, defender las pretensiones tradicionales de la comunidad de libreros que exige no sólo el mantenimiento de los privilegios de librería, sino también su renovación automática y, finalmente, su perpetuidad?

La respuesta se encuentra en algunas palabras: "Yo lo repito: el autor es dueño de su obra, o no hay persona en la sociedad que sea dueña de sus bienes. El librero entra en posesión de la obra del mismo modo en que ésta fue poseída por el autor". Se trata, pues, de demostrar que es el carácter imprescriptible del privilegio de librería lo que funda la propiedad literaria. Semejante operación supone diversas etapas en el razonamiento. En primer lugar hay que definir el privilegio, ya no como la gracia real, concedida, rehusada o revocada por la sola voluntad del soberano, sino como la "garantía" o la "salvaguardia" de una transacción, consignada bajo sello privado, por la cual el autor cede libremente su manuscrito al librero. La propiedad así adquirida es semejante a la que un comprador obtiene de una tierra o de una casa. Es perpetua, imprescriptible, transmisible y no puede ser transferida ni compartida sin el acuerdo de su dueño. Tal propiedad no perjudica el interés general ni el progreso de los conocimientos en la medida que se refiere sólo a títulos específicos. No establece ningún monopolio sobre los "libros en general o sobre una materia particular" y deja la posibilidad de publicar "al infinito" los mismos objetos.

El alegato de Diderot en favor de los privilegios de librería subvierte, de hecho, su definición tradicional y los reduce a no ser más que la sanción oficial de un contrato que es suficiente por sí mismo para fundar el derecho de propiedad. De este modo, identificado con un título de posesión, el privilegio debe ser respetado por la autoridad pública dado que constituye uno de los derechos fundamentales de los "ciudadanos". Sólo los tiranos se atreven a expoliar a los propietarios de sus bienes, reduciéndolos así a la condición de "siervos". Al incluir el privilegio dentro de la lógica del contrato, Diderot disocia implícitamente los títulos de posesión de los libreros, cuya legitimidad descansa enteramente en la convención pretérita entre dos sujetos libres, y los dispositivos corporativos y estáticos que rigen el comercio de libros. Estos podrían desaparecer sin quedar abolida la propiedad del librero:

> El prejuicio surge al confundirse la profesión del librero, la comunidad de libreros, la corporación con el privilegio; y el privilegio con el título de posesión, cosas que no tienen nada en común. Nada, señor. Pues entonces, que se destruyan todas las comunidades, que se devuelva a todos los ciudadanos la libertad de aplicar sus facultades según sus gustos e intereses, que se den por abolidos todos los privilegios, incluso los de librería: consiento en ello, todo estará bien siempre y cuan-

do subsistan las leyes sobre los contratos de venta
y adquisición. (p. 74)

Diderot demuestra así la inutilidad de las instituciones que, sin embargo, debía defender con
vehemencia...

Para apoyar su demostración, evoca la historia de la imprenta en Francia. La trama de su relato está basada en la constante extensión de los
privilegios exclusivos, establecidos en el siglo XVI
para proteger a los editores emprendedores de las
imitaciones de sus colegas deshonestos:

> En efecto, los Estienne, los Morel y otros impre-
> sores calificados vieron cómo, apenas terminaban
> de publicar una obra cuya edición les había de-
> mandado grandes inversiones, cuya ejecución y
> buena elección debía asegurarles el éxito, la mis-
> ma obra aparecía reimpresa por incapaces que ca-
> recían de todo talento, los cuales, sin haber tenido
> que realizar gastos, podían vender a más bajo pre-
> cio sacando provecho de los esfuerzos que otros
> habían realizado con desvelos y sin haberse expues-
> to a ninguno de sus azares. (p. 41)

Para remediar tal situación, que amenaza a los
impresores audaces con la ruina y los desvía de
todo proyecto ambicioso, el rey decidió acordarles
privilegios exclusivos; primero, limitando el tiempo y después prorrogándolos a fin de proteger la

venta de las ediciones cuyas tiradas no se habían agotado tras la fecha de expiración del privilegio original: "Fue así como avanzó lentamente la perpetuidad y la inmutabilidad del privilegio". Más adelante, los privilegios que en un principio habían protegido a "las obras antiguas y a los primeros manuscritos, es decir, a los que sin ser propiedad de ningún comprador pertenecían al derecho común", fueron extendidos a las obras de los autores contemporáneos. De este modo,

> si la impresión del manuscrito se permitía, se concedía al librero un título que respondía siempre al nombre de "privilegio", el cual lo autorizaba a publicar la obra que había adquirido y a contar con la garantía, bajo penas específicas para quien la contraviniera, de disfrutar tranquilo de un bien que, por un acta privada firmada por el autor y por él mismo, le transmitía la posesión perpetua. (p. 56)

Es así que se estableció para una misma obra la equivalencia entre la propiedad perpetua del librero, adquirida por el contrato firmado con el autor, y la perpetuidad del privilegio, hecha posible mediante sus renovaciones sucesivas.

Reescribiendo a su manera la historia de los privilegios reales, al someter la gracia real en el régimen de los contratos, Diderot propone interpretarla como un resultado evidente del curso de la historia, siendo a su vez lo esencial de la tesis con la que intenta convencer al director de la Librería:

> He aquí cómo la cuestión de los privilegios devino
> constante y los poseedores de los manuscritos ad-
> quiridos a los autores obtuvieron autorización para
> publicar; autorización cuya prórroga solicitaban
> tantas veces como convenía a sus intereses, y cu-
> yos derechos cedían a otros a título de venta, de
> herencia o de abandono. (p. 65)

Pasando del relato histórico a una reflexión sobre la administración, Diderot sostiene que la permanencia de los privilegios resulta indispensable para la imprenta y la Librería. A fin de probarlo, enumera los efectos desastrosos que provocaría el establecimiento de la "competencia general" en materia de edición, es decir, la transformación de los privilegios en permisos simples sin ninguna cláusula de exclusión. Además, el hecho de "tratar al privilegio del librero como una gracia libre de ser acordada o rehusada, y luego, olvidar que no es sino la garantía de una verdadera propiedad la que no se podría tocar sin cometer injusticia" entrañaría las más funestas consecuencias. Los libreros verían sus beneficios drásticamente reducidos dado que numerosas ediciones del mismo título se repartirían el mercado de compradores. Dentro de tal hipótesis, esa "obra que beneficiaba al propietario exclusivo, quedaría reducida a un valor nulo tanto

para él como para los demás" y ningún librero
deseará emprender la publicación de obras de importancia al resultar demasiado costosas para so-
portar la venta lenta ocasionada por la competencia de otras ediciones. La búsqueda del costo más
bajo posible para las obras de gran circulación, es
decir, para las únicas capaces de sobrevivir, arrui-
naría todas las artes del libro ya que esas obras re-
sultarían "muy vulgares", "miserables en tipografía, en papel y en corrección". Las actividades liga-
das a la producción de libros (fundiciones de
caracteres tipográficos, fábricas de papel) declina-
rán y "lo que es más, ocurrirá que a medida que
estas artes vayan deteriorándose entre nosotros, se
elevarán en el extranjero y no tardarán en llegar
desde allí las buenas ediciones de nuestros autores". En estricta lógica mercantilista es el Estado
mismo quien será, a fin de cuentas, la víctima de
una evolución tal que desviará a los libreros franceses de sus emprendimientos editoriales, al ha-
cerlos preferir el comercio de las ediciones impresas en el extranjero:

> Súmese un poco de persecución y desorden y cada
> librero se proveerá fuera de aquí según el nivel de
> sus ventas. A fin de recuperar la inversión realiza-
> da sobre su manufactura, ¿qué otra cosa más pru-
> dente podría hacer? Pero el Estado se empobrece-
> rá por la pérdida de sus obreros y la mengua de las
> materias que nuestro suelo provee; será como en-

viar fuera de nuestras comarcas el oro y la plata
que nuestro suelo ya no produce. (p. 123)

De ahí, para evitar tales desastres anunciados
como inevitables, una conclusión en forma de
artículo de texto legislativo que

se observen los privilegios como puras y simples
salvaguardias; las obras adquiridas, como propiedades inatacables y que sus impresiones y
reimpresiones puedan ser continuadas exclusivamente por quienes en su momento las adquirieron, a menos que la obra misma contenga una
cláusula derogatoria. (p. 126-127)

Luego de examinar de este modo los efectos de-
testables que provocaría la abolición de los privilegios sobre las imprentas y las librerías, Diderot
se entrega a los que más lo preocupan: los efectos
sobre la "literatura" y, en primer lugar, sobre "la
condición de los literatos". Estos se encuentran
necesariamente ligados a los libreros, pues resulta enteramente quimérico para un autor pretender editar sus propias obras. Diderot habla por
experiencia:

puedo decir que he ejercido la doble profesión de
autor y de librero; he escrito y numerosas veces he
impreso por cuenta propia. Puedo asegurarle, señor,
que nada se concilia peor con la vida activa del co-

merciante que la vida sedentaria del hombre de letras. Somos incapaces de una infinidad de pequeñas
obligaciones; sobre 100 autores que aceptarían ocuparse ellos mismos de vender sus obras, 99 se acomodarían mal a dicha tarea y la detestarían. (p. 80)

Ser editor de uno mismo supone, en efecto, llegar a un acuerdo con los libreros que venderán la
obra que el autor ha hecho imprimir afrontando
sus gastos. La operación no puede abstenerse de
riesgos ni inquietudes:

Los corresponsales de provincias nos roban impunemente, mientras los comerciantes de la capital
no ponen suficiente interés en aumentar las ventas de nuestras obras. Si el descuento que se le
acuerda al librero es fuerte, el provecho del autor
se desvanece; y además llevar los libros de compras y ventas, responder, cambiar, recibir, enviar…
¡Qué ocupaciones para un discípulo de Homero
o de Platón! (p. 81)

Hay que pasar entonces por los libreros, como a
Diderot le ha costado aprenderlo.

Obligados a vender sus manuscritos a quienes
los publicarán, los autores sólo pueden esperar
una cosa: que las cláusulas de la transacción les
resulten lo menos desfavorables posible. Para
Diderot, sólo el firme reconocimiento de la propiedad de los escritores sobre sus "producciones"

y la seguridad dada a los libreros por la certidumbre de la perpetuidad de sus privilegios pueden garantizar un pago a precio justo para las obras cedidas por unos y adquiridas por otros. Por cierto, para los autores que no pueden vivir de sus bienes o de sus cargas, la actividad literaria podría, idealmente, ser separada de toda remuneración gracias a la liberalidad del soberano, traducida en pensiones, gratificaciones o empleos. No obstante, esas recompensas son forzosamente limitadas ("Pero la bondad y la munificencia prodigadas por un príncipe amigo de las letras nunca podrán extenderse más que a los talentos conocidos") y no siempre bien dirigidas ("Hay pocos países en Europa donde las letras sean tan enaltecidas y recompensadas como en Francia. El número de lugares destinados a la gente de letras es muy grande. Nos deberíamos sentir felices si fuera el mérito lo que hace sitio. Pero yo diría, sin querer ser satírico, que hay lugares donde se exige más escrupulosamente un traje de terciopelo que un buen libro"). A todos aquellos que entran en la carrera de las letras les queda un solo recurso: obtener la subsistencia mediante el valor de sus escritos y por los contratos establecidos con los libreros. Los comienzos suelen ser difíciles para quien no es conocido, dado que "es el éxito el que instruye al comerciante y al literato". Pero si un primer libro se vende bien, el autor conocerá un mejor trato:

Desde ese momento su talento cambia de precio y, no sabría disimularlo, el valor comercial de su segunda producción aumenta sin estar en relación directa con la disminución de los riesgos. Al parecer, el librero, deseoso de conservar al autor, pasa a calcular con otros elementos. Tras el tercer éxito, todo termina; el autor quizá puede hacer un mal trato, pero lo hace más o menos a su guisa. (p. 107)

Sin dudas idealizada por las necesidades de la causa, la transformación en las relaciones de fuerza entre el autor y su editor diseña una figura nueva del hombre de letras: la del escritor que intenta vivir, bien o mal, de su pluma. Evocando el pago equitativo de los manuscritos, Diderot bosqueja la existencia mediocre, pero aceptable, destinada a todos los literatos sin Estado ni protector. Esa correcta remuneración

no es para enriquecerse, pero permitiría vivir con cierta tranquilidad siempre que esa suma no estuviera repartida en un gran número de años, si no se hubiera disipado a medida que se la percibía y no hubiera desaparecido cuando, con la edad, las necesidades crecen, los ojos se apagan y el espíritu se debilita. Sin embargo, esto es un gran estímulo; además, ¿qué monarca no es lo suficientemente rico para suplir tales carencias con sus liberalidades? (p. 108)

Así, en la representación antigua que hace del príncipe como protector de las letras –y de los hombres de letras– no resulta exclusiva la exigencia de una justa retribución por la escritura. Pero para que ella sea efectiva, el librero debe asegurarse la "posesión tranquila y permanente de las obras que adquiere". Esta es la razón por la cual Diderot acepta ponerse al servicio de los libreros parisinos. Comprende que, en la Librería de su tiempo y la sociedad de los gremios, la independencia (al menos relativa) del escritor no puede resultar más que de la existencia de los privilegios perpetuos e imprescriptibles:

> Si esas leyes resultan abolidas, entonces la propiedad del que compra será incierta, y esa restricción mal entendida recaerá en parte sobre el autor. ¿Qué partido sacaría yo de mi obra si mi reputación, tal como yo supongo, no es sólida; si el librero creyera que un competidor, sin correr el riesgo de la apuesta por mi talento, sin arriesgarse a las inversiones de una primera edición, sin pagarme ningún honorario, se aprovechara incesantemente al cabo de seis años, o antes si se atreve a hacerlo, de su adquisición?[3] (p. 108)

Quienes la habían encomendado a Diderot no quedaron satisfechos de su memoria. Sólo la en-

[3] La duración de seis años era considerada como la duración media de un privilegio sin prorrogación.

viaron a Sartine en marzo de 1764, pero después de una profunda reescritura y con un nuevo título: "Representaciones y observaciones en forma de memoria sobre el estado antiguo y actual de la Librería y particularmente sobre la propiedad de los privilegios". El nuevo título afirma el reparo entre las intenciones más fundamentales de Diderot (abogar por la libertad de prensa, fundar la propiedad de los autores sobre sus obras) y la única preocupación de la comunidad, a saber, mantener el régimen de los privilegios y hacer reconocer el carácter perpetuo, imprescriptible y transmisible de su propiedad. Para tal proyecto, la forma oratoria y dialogada de la memoria era tan inútil como lo eran los pasajes consagrados a la posible abolición de las corporaciones, a la evocación de las desigualdades sociales o, bajo el pretexto de la discusión de los permisos tácitos, a la libertad de imprimir. Mutilada por sus editores, al igual que ciertos artículos de la *Encyclopédie*, la *Carta*… no será publicada hasta 1861.

Trece años después de la memoria de Diderot, en 1776, Condorcet redactó, sin dudas para sostener la política de Turgot que en febrero había abolido todas las comunidades y gremios de artes y oficios,[4] un panfleto intitulado "Fragmentos so-

---

[4] Sobre esta abolición, véase Steven L. Kaplan, *La fin des corporations*, París, Fayard, 2001.

bre la libertad de prensa".[5] Si bien el título es común con el que Diderot dio finalmente a su "fragmento", el texto socava uno tras otro los principios sobre los cuales está fundada la memoria de 1763. Por empezar, en el texto de Condorcet, los privilegios de librería no escapan de la condenación que merecen *todos* los privilegios y exclusividades cualesquiera que sean:

> los privilegios tienen en esta materia, como en toda otra, los inconvenientes de disminuir la actividad, de concentrarla en un reducido número de manos, de cargarla de un impuesto considerable, de provocar que las manufacturas del país resulten inferiores a las manufacturas extranjeras. No son, pues, necesarios ni útiles y hemos visto que eran injustos.

La estrategia de Diderot, que pretendía conservar los privilegios de librería para servir como garantía a los contratos libremente firmados entre autores y libreros, no se corresponde con la estrategia liberal de Condorcet. Pero hay otras diferencias.

Mientras que Diderot funda su argumentación en la identidad entre la propiedad literaria y

---

[5] El texto se encuentra publicado en: Marie-Jean-Antoine Caritat, marquis de Condorcet, *Oeuvres complètes*, París, 1847, t. XI, pp. 257-314. Sobre los *Fragments*, véase el artículo de Carla Hesse, "Enlightenment Epistemology and the Laws of Authorship in Revolutionary France, 1777-1793", en: *Representations*, 30, primavera de 1990, pp. 109-138.

las otras propiedades inmobiliarias, Condorcet rechaza radicalmente esa asimilación:

> no puede haber ninguna relación entre la propiedad de una obra y la de un campo que puede ser cultivado por un hombre, o de un mueble que sólo puede servir a un hombre, cuya propiedad exclusiva, en consecuencia, se encuentra fundada en la naturaleza de la cosa.

La propiedad literaria es de otro orden: "no es un derecho, es un privilegio" y, como todos los privilegios, "un obstáculo impuesto a la libertad, una restricción evidente a los derechos de los demás ciudadanos". Una obra no puede ser protegida por un privilegio exclusivo ni puede ser considerada como una propiedad personal. El progreso necesario de las Luces exige que cada uno pueda componer, mejorar, reproducir y difundir libremente las verdades útiles a todos. En ningún caso ellas pueden ser el objeto de una apropiación individual.

Para Diderot, esto es posible porque cada obra expresa, de una manera irreductiblemente singular, los pensamientos o los sentimientos de su autor, y por lo tanto constituye su legítima propiedad. Él escribe en su memoria:

> ¿qué bien podría pertenecer a un hombre si la obra de su espíritu, fruto único de su educación, de sus

estudios, de sus vigilias, de sus tiempos, de sus búsquedas, de sus observaciones; si las horas más bellas,
los momentos más hermosos de su vida; si sus pensamientos íntimos, los sentimientos de su corazón, la
parte más preciosa de sí mismo, esa que no perece y
que lo inmortaliza, no le pertenece? (p. 75)

Para Condorcet es al revés, aquello que funda, ile-
gítimamente, la propiedad y el privilegio, a saber,
las "expresiones", las "frases", las "palabras", las "fór-
mulas agradables", carecen de importancia si se
comparan con las ideas y los principios que perte-
necen al registro de las verdades universales.

Condorcet percibe correctamente el peligro de
tal posición para aquellos cuya existencia depende de los ingresos obtenidos mediante la venta de
sus obras: "Un hombre de genio no hace más libros por dinero; pero si no es rico y sus libros no
le reportan nada, se verá obligado a tener una
ocupación para vivir y el público lo perderá". La
respuesta de la objeción moviliza dos argumen-
tos. Por una parte, la libertad de imprimir, al bajar el precio de los libros, asegurará una mejor
venta a la edición original, "hecha ante los ojos
del autor", y desalentará cualquier veleidad de
publicar ediciones que compitan con el mismo
texto. Los autores recibirán, entonces, un pago
justo por sus obras, dado que el beneficio ya no
resultará amenazado por las ediciones piratas. Por
otra parte, su condición también podrá mejorar

si se generalizan las suscripciones que permiten al librero reunir el capital necesario para una futura edición y a los autores ser remunerados incluso antes del acabamiento de sus obras.

Entre los dos textos, la memoria de Diderot y el panfleto de Condorcet, las diferencias son grandes. Reflejan, ante todo, los contextos y las razones de su composición. El primero defiende, o acepta, las instituciones tal como son (corporaciones, privilegios de librería, permisos tácitos), incluso si no le agradan; y esto no sólo porque es la tarea que le ha sido encomendada, sino también porque piensa que es posible investirlas de contenidos nuevos, es decir, transformar el privilegio de librería en propiedad literaria, los permisos tácitos en libertad de prensa. En tiempos del triunfo del liberalismo, Condorcet rechaza tales precauciones o compromisos: todos los privilegios deben ser abolidos ya que el progreso de las Luces requiere la libre exposición y la comunicación universal de las verdades.

Es la razón por la cual, en cuanto a la propiedad de los autores sobre sus obras, Diderot y Condorcet defienden conclusiones radicalmente opuestas. Para el primero, se trata de un derecho legítimo e inalienable, salvo por decisión propia; para el segundo, la propiedad de los autores es una pretensión nociva y contraria al interés general. Regresando a las dos definiciones incompatibles de lo que es una obra −expresión de un ge-

nio singular o vehículo de verdades universales–
la oposición traduce también las relaciones muy
diferentes establecidas por Diderot y Condorcet
con el mundo de la edición. Entre el escritor que
vivía de su pluma y el marqués que disfrutaba de
sus rentas, son pocos los rasgos comunes; salvo el
hecho de que sus dos textos inspiraron a las asam-
bleas revolucionarias una legislación ambigua que
intentará conciliar sus tesis incompatibles.

ROGER CHARTIER

CARTA SOBRE EL COMERCIO
DE LIBROS

*Carta histórica y política dirigida a un magistrado
sobre la Librería,[1] su estado antiguo y actual,
sus reglamentos, sus privilegios, los permisos tácitos,
los censores, los vendedores ambulantes, el cruce
de puentes y otros asuntos relativos al control literario.*

[1] La organización de la *Librairie* era compleja. Por una parte agrupaba a los impresores, tipógrafos, maestros de taller y vendedores de libros, quienes formaban un gremio cuya existencia legal se remontaba a 1618. Dicha comunidad era regida por una cámara integrada por un síndico y cuatro ayudantes (dos impresores y dos libreros). Entre las atribuciones del síndico se encontraban el control de las exportaciones y la autorización para abrir tiendas. Por otra parte, en el propio ámbito de la Librería funcionaba una administración de Estado que controlaba la censura, la publicación y el comercio de libros, denominada *Direction de la Librairie*. La *Lieutenance générale de police* [*Lugartenencia general de la policía*], encargada de perseguir las obras interdictas, se unificó con la Librería entre 1763 y 1776, tiempo en que Sartine (1763-1774), Lenoir (1774-1775) y Albert (1775-1776) ocuparon los cargos directivos de ambas administraciones.

Usted desea, señor, conocer mis ideas acerca de un tema que considera importante y que en verdad lo es. Me siento muy honrado por su confianza; merece que le responda con la rapidez que me exige y la imparcialidad que tiene derecho a reclamar en un hombre de mi carácter. Usted me cree instruido; yo poseo, en efecto, los conocimientos que otorga la experiencia cotidiana, a los que se suma la convicción escrupulosa de que no siempre alcanza la buena fe para disculpar los errores. Pienso sinceramente que en las discusiones que atañen al bien común sería mejor guardar silencio antes que exponerse, incluso con las mejores intenciones, a imbuir de ideas falsas y perniciosas el espíritu de un magistrado.

Ante todo he de decirle, señor, que aquí no se trata simplemente de los intereses de una comunidad. Qué me importa que exista una comunidad de más o de menos; a mí, que soy uno de los más celosos partidarios de la libertad entendida en su acepción más amplia; que sufro con pesar al ver cómo el último de los talentos padece trabas en su ejercicio, al ver cómo esos brazos que la naturaleza dio a la industria quedan amarrados por los convencionalismos; yo, que siempre he estado convencido de que las corporaciones son injustas y funestas y que vería en su abolición entera y absoluta un paso hacia una manera más sensata de gobernar.

De lo que aquí se trata es de examinar, según el estado en que se encuentran las cosas e incluso a la luz de las suposiciones, cuáles serán las consecuencias de los daños existentes y que podrían infligirse a nuestra Librería; si ella debe seguir soportando por mucho tiempo más los negocios que los extranjeros hacen con su comercio; cuál es la relación entre ese comercio y la literatura; si es posible que empeore uno sin menoscabo del otro o que un librero se empobrezca sin arruinar al autor; cuáles son los privilegios de los libros; si esos privilegios deben comprenderse bajo la denominación general y odiosa de "otras exclusividades"; si existe algún fundamento legítimo para limitar su duración y negar su renovación; cuál es la naturaleza de los fondos editoriales de una librería; cuáles son los títulos que avalan la posesión de una obra al librero cuando la adquiere por cesión de un literato; si tales títulos son momentáneos o perpetuos. El examen de estos diferentes puntos me conducirá al esclarecimiento de otros que usted me consulta.

Pero ante todo, señor, piense que, sin hablar con la ligereza indecente de un hombre público al decir, en cualquier circunstancia, que si se ha reconocido la elección de un mal camino no habrá más que volver atrás y regresar sobre los pasos que se han dado —manera indigna y estúpida de reírse del estado y la fortuna de los ciudadanos—, piense, digo, que resulta más enojoso caer en la pobreza que nacer en la miseria; que la condición de un pueblo embrutecido es peor que la de un pueblo bruto; que una rama de comercio extraviada es una rama de comercio perdida y que en diez años se causan más males de los que se pueden reparar en un siglo. Piense que cuanto más perdurables sean los efectos de un mal control, más esencial será actuar con seriedad, tanto si se trata de establecer como de suprimir; en este último caso debo preguntar si no caeríamos en una vanidad muy extraña, si no infligiríamos una injuria gratuita a quienes nos precedieron en este ministerio al tratarlos de imbéciles por evitar el esfuerzo de remontar el origen de sus instituciones, sin examinar las causas que las suscitaron ni las revoluciones favorables o contrarias que conocieron. Me parece que es en la historia de las leyes y los reglamentos donde se deben buscar los verdaderos motivos para continuar o abandonar el camino trazado. Será entonces por donde comenzaré. Resultará indispensable observar los hechos desde lejos; pero si con ello no digo nada nuevo, al menos podrá reconocer que confirmo las nociones preliminares que usted me suponía. Espero, entonces, señor, que tenga la gentileza de seguirme.

Los primeros impresores que se establecieron en Francia trabajaron sin competidores y no tardaron en acumular una fortuna honesta. Sin embargo, no fue con Horacio, ni con Virgilio, ni con otros autores de semejante vuelo que la naciente imprenta ensayó sus primeros pasos. En el comienzo se trató de obras de poco valor, de poca extensión y que respondían al gusto de un siglo bárbaro. Es de presumir que quienes se acercaron a nuestros antiguos tipógrafos, celosos por consagrar las premisas del arte a la ciencia que profesaban y que consideraban como la única esencial, ejercieron alguna influencia sobre sus elecciones. Yo consideraría obvio que un capuchino aconsejara a Gutenberg comenzar por la *Regla de San Francisco*. Pero más allá de la naturaleza y el mérito real de una obra, fue la novedad de la invención, la belleza de la ejecución, la diferencia de precio·entre un libro impreso y uno manuscrito lo que favoreció la rápida difusión del primero.

Después de aquellos ensayos del arte más importante que se pueda imaginar para la propagación y la duración de los conocimientos humanos, ensayos que dicho arte no ofrecía al público sino como anticipo de lo que un día podría esperarse —dado que estaban destinados a quedar menospreciados a medida que se adquirieran más luces y hoy sólo son recogidos preciosamente por algunos personajes singulares que prefieren un libro raro a un buen libro—, sólo después, digo, un bibliómano como yo, un erudito ocupado en la historia de la tipografía, como el pro-

fesor Schoepflin,[2] emprendimos la realización de
obras de utilidad general y uso cotidiano.

Pero estas obras son pocas en número; al pro-
ducirse en casi todas las imprentas de Europa a la
vez, resultaron muy corrientes, y sus ventas no se
fundaron ya en el entusiasmo por un arte nuevo y
justamente admirado. En aquel entonces eran pocas las personas que leían; un comerciante no sen-
tía el furor de poseer una biblioteca ni de arrebatar
a precio de oro y plata a un pobre literato un libro
que a él le fuera de utilidad. ¿Qué hizo el impresor? Enriquecido por sus primeras tentativas y alen-
tado por algunos hombres lúcidos, aplicó su trabajo a obras preciadas pero de uso menos extendido. Algunas gustaron y se agotaron con una rapidez
proporcional a una infinidad de circunstancias diversas; otras fueron negligentes y hubo algunas que
no reportaron ningún beneficio al impresor. Sin
embargo, la pérdida que aquellas obras ocasiona-
ron se vio equilibrada por la ganancia de las que
acertaron, así como también por la venta corriente de libros necesarios y diarios que compensaron
su parte con rentas continuas; ésta fue la fuente de
ingresos que inspiró la idea de constituir un fondo
editorial de librería.

[2] Johan Daniel Schoepflin (1694-1771) enseñó elocuen-
cia y derecho público en Estrasburgo; en 1740 fue nombrado consejero e historiógrafo de Francia. Autor de *Vindiciae
typographicae* [*Vindicación tipográfica*], publicado en 1760.

Un fondo de librería consiste en un número
más o menos considerable de libros apropiados
para los diferentes estamentos de la sociedad, y
surtido de tal manera que la venta más lenta de
unos se compense con la venta rápida de otros,
favoreciendo el incremento de la primera posesión. Cuando no se ciñe a estas condiciones, un
fondo resulta ruinoso. Apenas se comprendió su
necesidad, los negocios se multiplicaron al infinito y enseguida las ciencias, que han sido pobres
en todos los tiempos, pudieron conseguirse por
un precio módico, sobre todo las obras principales de cada género.

Hasta aquí todo va bien y no hay nada que
anuncie la necesidad de un reglamento ni de cosa
alguna que se parezca a un código de la Librería.

Pero para comprender adecuadamente lo que
sigue, deberá persuadirse, señor, de que esos libros eruditos o de cierto orden no tuvieron, no
tienen, ni tendrán más que un número limitado de
compradores. Sin el fasto de nuestro siglo, que
desgraciadamente se ha extendido a toda suerte de
objetos, tres o cuatro ediciones, incluso de las
obras de Corneille, de Racine o de Voltaire, serían suficientes para toda Francia. Cuántas menos serían necesarias de Bayle, de Moreri, de
Plinio, de Newton y de una infinidad de otras
obras. Antes de nuestro tiempo, que se interesa
por lo banal a costa de lo útil, la mayor parte de
los libros pertenecía a este último caso; las rentas

continuas que generaban las obras comunes y cotidianas, a las que se sumaba la venta de un reducido número de ejemplares de algunos autores destinados a ciertos estamentos, mantenían el celo de nuestros comerciantes. Supongamos, señor, que las cosas estuvieran ahora como estaban entonces; supongamos que esa especie de armonía subsistiera entre los productos difíciles y los de rendimiento corriente. Entonces se podría quemar el código de la Librería: resulta inútil.

Sin embargo, sucede que la industria de un particular abre un camino nuevo y son muchos los que se precipitan a seguirlo. Enseguida los impresores se multiplicaron y sus libros de primera necesidad y de utilidad general –aquellos trabajos cuya venta e ingresos constantes fomentaron la emulación del librero– se volvieron comunes y de un rendimiento tan pobre que se necesitó más tiempo para agotar una pequeña tirada que para consumir la edición entera de otra obra. La ganancia de los bienes corrientes resultaba casi nula y el comerciante no recuperaba mediante los trabajos seguros aquello que perdía con los otros, ya que ninguna circunstancia podía cambiar su naturaleza e incrementar su difusión. El azar de las empresas particulares ya no se equilibraba con la certeza de las empresas comunes y, de este modo, una ruina casi evidente conducía al librero a la pusilanimidad y al entorpecimiento. Pero he aquí que aparecieron algunos de

esos hombres raros que han quedado para siempre en la historia de la imprenta y de las letras;
hombres que, animados por la pasión del arte y
convencidos de la noble y temeraria confianza que
les inspiraban sus talentos superiores, impresores
de profesión que además conocían profundamente la literatura y eran capaces de afrontar todas las
dificultades, concibieron los proyectos más atrevidos. Ellos hubieran salido airosos con honor y
con provecho si no se hubiera producido un inconveniente que usted sin duda supone y que nos
aproxima a la triste necesidad de recurrir a la autoridad en un asunto de comercio.

Sucedió, en efecto, que las disputas entre los
fanáticos engendraron, como siempre sucede, una
infinidad de obras efímeras pero de venta rápida;
éstas reemplazaron por un tiempo las antiguas rentas seguras que se habían extinguido. El gusto que
algunas veces renace en el pueblo por ciertos géneros del conocimiento, pero que nunca renace sin
hacer declinar otro gusto que cesa —tal como hemos visto en nuestros días con el furor de la historia natural sucediendo al de las matemáticas sin
que podamos saber qué ciencia desplazará al gusto
reinante—, esa efervescencia súbita, digo, sirvió para
revivir algunas producciones que se pudrían en los
almacenes, así como también para condenar un
número igual de autores a pudrirse en lugar de
otros. Luego se apaciguaron las disputas religiosas
y pronto se apagó el furor por las obras polémicas,

cuya ausencia se hizo sentir y produjo cierto rubor por la importancia que habían merecido. El tiempo que engendra artistas osados y singulares es breve. Aquellos de quienes hablé, en cuanto vieron a los hombres ávidos y mediocres frustrar las esperanzas de su industria y arrebatarles el fruto de sus trabajos, no tardaron en advertir el peligro de las grandes empresas.

En efecto, los Estienne, los Morel[3] y otros impresores calificados vieron cómo, apenas terminaban de publicar una obra cuya edición les había demandado grandes inversiones, cuya ejecución y buena elección debía asegurarles el éxito, la misma obra aparecía reimpresa por incapaces que carecían de todo talento, los cuales, sin haber tenido que realizar gastos, podían vender a más bajo precio sacando provecho de los esfuerzos que otros habían realizado con desvelos y sin haberse expuesto a ninguno de sus azares. ¿Qué sucedió entonces? Lo que debía ocurrir y lo que ocurrirá en todos los tiempos. La competencia desleal arruinó hasta la

---

[3] Dos familias de libreros humanistas que ejercieron su oficio entre los siglos XVI y XVII. Los Estienne fueron célebres en París y en Ginebra; entre sus obras científicas y técnicas se destacan los *Dictionnaires latin-français* [*Diccionarios latín-francés*], de 1539 y el *Thesaurus graecae linguae* [*Tesoro de la lengua griega*], de 1572; el fundador de la dinastía fue Henri Estienne (c. 1460-1520). Los Morel, que trabajaron en París, ostentaron desde 1608 el título de "Impresores del Rey". El fundador fue Frédéric Morel (1525-1583).

empresa más bella; hicieron falta veinte años para
despachar una edición cuando hubiera sido suficiente la mitad de tiempo para agotar dos. Cuando la imitación resultaba inferior a la edición original, como era el caso ordinario, el comerciante
deshonesto ofrecía su libro a bajo precio; la indigencia del hombre de letras, condición que siempre le ha sido odiosa, terminaba por inclinar sus
preferencias hacia la edición menos cara antes que
hacia la mejor. No por ello el imitador se hacía
rico; pero el hombre emprendedor y hábil, empo-
brecido por el hombre inepto y rapaz que le priva-
ba inopinadamente de una ganancia proporcional
a su esmero, a su mano de obra y a los riesgos
inherentes de su comercio, perdía su entusiasmo y
quedaba sin coraje.

No vamos ahora, señor, a perdernos en especu-
laciones ni a oponer vagos razonamientos a quejas
y hechos que han devenido en un código particular. He aquí la historia de los primeros tiempos del
arte tipográfico y del comercio de libros, imagen
fiel de nuestro tiempo y causa primera de un reglamento cuyo origen ya se ha entrevisto.

Dígame, señor, ¿había que taparse los oídos
ante los reclamos de los damnificados, abando-
narlos al desánimo, permitir que continuaran esas
desventajas y esperar el remedio que aportara el
tiempo, que a veces desenreda por sí mismo cosas que la prudencia humana echa a perder? Si es
así, resulta negligente estudiar el pasado; alcanza

con aguardar el final de un desorden que durará lo que deba durar; alcanza con abandonarnos a la discreción del tiempo futuro, que todo lo termina, es verdad, aunque bien o mal, y según parece más a menudo mal que bien, dado que los hombres, a pesar de su pereza natural, no se atienen aún a esa política tan fácil y cómoda que vuelve superfluos tanto a los hombres de genio como a los grandes ministros.

Es cierto que el público parecía beneficiarse de aquella competencia y que un literato no reparaba en un libro mal editado; también es cierto que el impresor calificado, luego de haber luchado algún tiempo contra el retraso de los ingresos y el malestar que le acarreaba, se avenía por lo general a bajar el precio de su producción. Pero sería por demás ridículo suponer que el magistrado encargado de esta rama del comercio ignorara dicha situación o hubiera sido negligente, si es que todo resultaba tan evidente a primera vista. Señor, evitemos engañarnos; lo que no se demoró en comprender fue que todo aquello redundaba en detrimento de la profesión y que desanimaba y perjudicaba a los literatos y a las letras. Tanto el impresor calificado que se veía sin recompensa, como el imitador injusto y sin fortuna, se hallaron por igual en la imposibilidad de emprender un negocio de envergadura; así se llegó a un momento en que hubiera sido ocioso buscar entre un gran número de comerciantes a sólo

dos que osaran encargarse de un volumen en folio. Lo mismo sucede en el presente. La comunidad
de libreros e impresores de París está compuesta por
360 comerciantes; apostaría que no hay siquiera
diez que puedan destacarse como emprendedores. Llamo a los benedictinos, a los eruditos, a los
teólogos, a los hombres de leyes, a los anticua-
rios, a todos aquellos que trabajan en obras extensas y colecciones voluminosas; considero que
si hoy vemos tantos ineptos redactores de pequeños y grandes libros, tantos de gacetillas, tantos
de breviarios, tantos espíritus mediocres ocupados y tanta gente hábil ociosa, es consecuencia de
la indigencia del librero, que se encuentra privado de la falta de ingresos cotidianos por causa de
las imitaciones y por una multitud de otros abu-
sos que lo reducen a la imposibilidad de emprender una obra importante de venta larga y difícil,
así como también a causa de la pereza y el espíritu superficial de este siglo.

Señor, no es un comerciante quien le habla; es
un literato a quien a veces sus colegas lo han consultado acerca del empleo de sus tiempos y talentos. Si yo les propusiera cualquier gran empresa,
ellos no me responderían: "¿Quién me leerá?
¿Quién comprará mi obra?". En realidad me dirían: "Cuando mi libro esté terminado, ¿dónde
se encontrará el librero capaz de encargarse de
él?". La mayor parte de esta gente no tiene nada,
y lo que hoy le hace falta es cualquier humilde

panfleto que le brinde rápidamente la posibilidad de ganarse el dinero y el pan. En efecto, yo podría citarle veinte grandes y hermosas obras cuyos autores murieron antes de haber encontrado un librero que se encargara de publicarlas, incluso a precio vil.

Como le decía anteriormente, el impresor calificado por lo general debía bajar el precio de sus libros; pero hubo algunos, perseverantes, que tomaron el partido contrario con el riesgo de perecer en la miseria. Sin dudas, contribuían así a la fortuna de los imitadores, quienes captaban el mayor número de compradores; pero, ¿qué les sucedía a estos últimos? No tardaban demasiado en sentir aversión por una edición despreciable y terminaban por adquirir dos veces el mismo libro. De esta manera, el sabio, que debería haberse favorecido, terminaba perjudicado y los herederos del impresor calificado sólo recogían, a veces después de su muerte, una pequeña porción del fruto de sus trabajos.

Yo le pido, señor, que si usted conoce a algún literato de cierta edad, le pregunte sinceramente cuántas veces ha renovado su biblioteca y por qué razón. En un primer momento, es común ceder a la curiosidad y a la indigencia, pero finalmente el buen gusto predomina y acaba desplazando una mala edición para hacer lugar a una buena. En cualquier caso, todos estos célebres impresores cuyas ediciones son buscadas en el presente, cuyos trabajos nos asombran y guardamos con afecto en la memoria, han muerto pobres; todos estuvieron a punto de abandonar sus caracteres y sus prensas cuando la justicia del magistrado y la liberalidad del soberano llegaron en su socorro.

Con un pie en el gusto que ellos sentían por la ciencia y el arte, y otro en el temor de verse arruinados por sus ávidos competidores, ¿qué hicieron estos calificados e infortunados impresores? Entre los manuscritos que les quedaban eligieron los que tenían menos posibilidades de ser rechazados; luego prepararon la edición en silencio, la ejecutaron y, para prevenirse de la amenaza de las imitaciones que había comenzado a traerles la ruina y que acabaría consumándola, a pesar de que la publicación estuviera a punto, solicitaron y obtuvieron del monarca un privilegio exclusivo para sus emprendimientos. Es esta, señor, la primera línea del código de la Librería y su primera reglamentación.

Antes de ir más lejos, no puedo dejar de preguntarle qué es lo que usted desaprueba en la precaución del comerciante o en el favor del soberano.

"Esa exclusividad, podría usted responderme, atenta contra el derecho común." Yo convengo en ello. "Podía suceder que el manuscrito cuya exclusividad se acordaba no fuera el único existente y que otro tipógrafo tuviera, o consiguiera con facilidad, un ejemplar semejante". Esto es verdad, pero sólo en algunos casos, pues la edi-

ción de una obra, sobre todo en los primeros tiempos, no suponía la mera posesión de un manuscrito sino la colación de un gran número, colación
que implicaba una tarea larga, penosa, costosa. Sin
embargo, no objetaré este punto. No pretendo ser
difícil. "Pero, podría usted añadir, debía ser difícil
conceder a uno lo que se rehusaba a otro." Claro
que así fue, pero se trataba, como nunca antes lo
había sido, de defender la causa del primer ocupante y de su legítima posesión, ya que ésta se
fundaba en el riesgo, en el cuidado y en las inversiones realizadas. Sin embargo, con el fin de que
la derogación del derecho común no fuera exce-
siva, se consideró la propuesta de limitar los tiempos de la exclusividad. Usted podrá ver que el
Ministerio, procediendo con cierto conocimiento de causa, respondía en parte a los miramientos
que usted plantea; pero lo que usted quizás no
pueda ver y lo que la institución no percibió en
un principio es que, lejos de proteger al comerciante emprendedor, lo que hacía era tenderle una
trampa. Sí, Señor, una trampa, como enseguida
lo podrá juzgar.

No sucede lo mismo con una obra que con
una máquina donde el ensayo constata el efecto,
ni con una invención que puede verificarse de
cien maneras, ni con un secreto del que se ha pro-
bado su éxito. Incluso el éxito que pueda conseguir un libro excelente suele depender, en el momento de la edición, de una infinidad de circuns-

tancias razonables o insólitas que toda la sagacidad de los intereses no podrían prever.

Supongamos que *El espíritu de las leyes*[4] fuese
la primera producción de un autor desconocido
y relegado por la miseria a una cuarta categoría.
A pesar de toda la excelencia de esa obra, dudo
que se hubieran hecho tres ediciones cuando en
realidad existen cerca de veinte. Considero que
casi la totalidad de quienes adquirieron las ediciones del libro fiándose en el nombre, la reputación, el estado o los talentos del autor y que le
citan de manera constante sin haberlo leído ni
entendido, apenas le conocían de nombre. ¿Y
cuántos autores existieron que no lograron la celebridad que merecían hasta mucho tiempo después de su muerte? Ésta es la suerte destinada a
casi todos los hombres de genio. Ellos no están al
alcance de su siglo. Ellos escriben para la genera-
ción siguiente. ¿Cuándo son buscadas sus producciones en las librerías? Quizá treinta años después
de que han salido de los almacenes con destino
a la cartonería. En matemáticas, en química, en
historia natural, en jurisprudencia, en un gran
número de géneros particulares, todos los días
sucede que el privilegio expira sin que la mitad

---

[4] *El espíritu de las leyes* de Charles Louis de Secondat,
barón de Brede y Montesquieu (1689-1755), fue publicado
en 1748 en Ginebra y se hicieron 22 ediciones en el término de dos años. [Trad. esp.: Editorial Istmo, 2002]

de la edición resulte vendida. Ahora bien, usted convendrá en que esto que ocurre en el presente debe haber ocurrido antes y seguirá ocurriendo. Cuando se publica la primera edición de un manuscrito antiguo es frecuente que, al salir una segunda, lo que resta de la precedente pase a ser pérdida pura para el privilegiado.

No vayamos a imaginar que las cosas suceden sin causa, o que no hayan existido hombres sensatos en tiempos pasados y que el interés público haya sido menos conocido o menos estimado por nuestros predecesores que por nosotros. Seducidos por las ideas sistemáticas, solemos descalificar las conductas de ellos y estar menos dispuestos a reconocer aquella prudencia; esto se debe al prejuicio de que el inconveniente remediado gracias al control establecido ya no nos atañe.

Nuevos ejemplos del impresor acerca de los daños sufridos por los estrechos límites de su privilegio fueron sometidos a los magistrados y dieron lugar a un nuevo reglamento o a una modificación del antiguo. No olvide, señor, que aquí se trata de manuscritos de derecho común, donde se sopesaron las razones del comerciante y se concluyó en acordar un segundo privilegio luego de la expiración del primero. Dejo a su juicio si aquello no empeoró las cosas en lugar de mejorarlas, ya que necesariamente provocó lo uno o lo otro. Fue así como avanzó lentamente la perpetuidad y la inmutabilidad del privilegio; y es evidente que al darse el segundo paso, el propósito fue favorecer el interés legítimo del impresor, estimularlo, asegurarle un porvenir a él y a sus hijos, arraigarlo más a su condición, estimularlo a los trabajos arriesgados, ya que el fruto obtenido habría de perpetuarse en su comercio y en su familia. Yo pregunto ahora si estos objetivos eran sanos o no lo eran.

Censurar una institución humana porque no es de una bondad general y absoluta es exigir que aquella sea divina; es reclamarle una habilidad mayor que la Providencia, que se contenta con equilibrar el bien y el mal; es pedirle mayor sabiduría en nuestras convenciones que la que posee la naturaleza en sus leyes, y es trastocar el orden general por la reacción de un átomo que se considera lesionado.

Sin embargo, este segundo favor fue raramente acordado; se produjo una infinidad de reclamos ciegos o lúcidos, como usted decida calificarlos por el momento. La mayor parte de los impresores —que en este gremio como en los demás, siempre ha demostrado más ardor en apoderarse de los recursos del hombre inventivo y emprendedor que habilidad en imaginarlos de manera genuina—, al verse privada de expoliar a sus colegas, se alzó en reclamos. No dejó de argumentarse, como usted puede imaginar, el menoscabo de la libertad de comercio y el despotismo de algunos particulares dispuestos a ejercer contra el público y contra los sabios. Se presentó en la universidad y en los parlamentos el espantajo del monopolio literario; como si un librero francés pudiera tener una obra a un precio excesivo sin que el extranjero atento no pasara los días y las noches confeccionando una imitación; como si la avidez de sus colegas no recurriera a los mismos medios —y de esto tenemos numerosos ejemplos— despreciando las leyes; como si un comerciante ignorara que su verdadero interés consiste en la rapidez con que despache sus ediciones y no conociera cuáles son sus riesgos y sus ventajas. De llegarse a esa situación extrema, ¿acaso no se argumentará que aquel que renueve el privilegio no tendrá derecho a fijar el precio de su producto? Es experiencia que las obras que más se reimprimen son las mejores, las más aceptadas, las que se venden al precio más bajo y, por lo tanto, los instrumentos más certeros para la fortuna del librero.

No obstante estos reclamos del gremio, reforzados por los de la universidad, fueron atendidos por los parlamentos, que creyeron percibir en la nueva ley la protección injusta de un número reducido de personas a expensas de otras; esto devino en decretos y más decretos contra las prórrogas de los privilegios. Pero permítame, señor, que recuerde nuevamente, en descargo de los parlamentos, que los primeros privilegios sólo se aplicaron a las obras antiguas y a los primeros manuscritos, es decir, a los que sin ser propiedad de

ningún comprador pertenecían al derecho común. Sin esta advertencia, usted podría confun-
dir objetos muy disímiles. Un privilegio de los tiempos que refiero no se asemeja en nada a un privilegio actual, del mismo modo que no se asemeja
un favor momentáneo, una gracia libre y permu-
table a una posesión personal, a una adquisición
fija, constante e inalienable sin el consentimien-
to expreso del propietario. Se trata de una distinción con la cual usted podrá estar seguro de encontrar toda la solidez de fundamento que me
exige.

En medio del tumulto de las guerras civiles
que asolaron al país durante los reinados de los
hijos de Enrique II,[5] la imprenta, la Librería y las
letras, al estar privadas de la protección y el favor
de los soberanos, permanecieron sin apoyo, sin
recursos y casi en la indigencia. Es comprensible.
¿Quién podía preservar un espíritu libre de pre-
ocupaciones para escribir y leer entre espadas des-
nudas? Kerver,[6] que poseía desde 1563 el privile-

[5] Tras la muerte de Enrique II, en 1559, ascendieron
sucesivamente al trono sus hijos Francisco II, Carlos IX,
Enrique III de Francia y el hugonote Enrique III de Nava-
rra, conocido también como Enrique IV. Diderot hace referencia a las guerras de religión entre católicos y protestantes
que tuvieron lugar entre 1562 y 1589.

[6] Jacques Kerver (c.1535-1583), librero e impresor francés. Su edición de *Hypnerotomachie, ou discours du songe de
Poliphile* [*Hypnerotomachie, o discurso del sueño de Poliphile*],

gio exclusivo por los *Usages romains*[7] reformados según el Concilio de Trento y que había obtenido dos prórrogas de seis años cada una, fue casi el único en condiciones de emprender una obra importante.

Luego de la muerte de Kerver, acaecida en 1583, una compañía de cinco libreros, ampliada después con algunos asociados, continuó detentando el mismo privilegio que fue renovado durante el curso del siglo; de esta manera pudieron publicar libros excelentes. En rigor, es a estos comerciantes organizados o aislados a quienes nosotros debemos las obras conocidas bajo el título de *La Navire*.[8] Estas ediciones griegas dan honor a la impresión francesa por su admirable ejecución; entre ellas se cuentan algunas que, a pesar de los progresos de la crí-

----

de 1561, se considera un hito en la tradición del libro renacentista.

[7] Con el nombre de "Usos romanos" se designaban diversos libros piadosos reformados según el Concilio de 1563. El privilegio de impresión fue acordado primero a Kerver y luego a una sociedad llamada *Compagnie des Usages*. Antes de morir, Kerver publicó once ediciones en diferentes formatos del "Breviario" reformado por orden de Pío V y veinte ediciones del "Misal romano" de la primera reforma.

[8] "Nave" [*navire*] es el nombre de la viñeta que decora la página del título. La compañía de *La Navire* tenía los privilegios para editar las obras de los principales Padres de la Iglesia (véase nota 12). Durante sesenta años publicaron una centena de volúmenes en folio que honraron la edición humanista de finales del siglo XVI y principios del XVII.

tica y de la tipografía, resultan aún muy buscadas y apreciadas. Son éstos algunos hechos sobre los que no me extenderé y que cedo a su reflexión. Sin embargo, aquel privilegio de los *Usages* fue vivamente reivindicado por el resto de la comunidad y se promulgaron diferentes decretos que reiteraron la proscripción de este tipo de prórrogas de privilegios. Cuanto más reflexiono sobre la conducta de los tribunales ante dichas protestas, menos seguro estoy de que ellos hayan entendido claramente el estado de la situación. Se trataba de esclarecer si al abandonarse un bien al dominio común no se conduciría a todo el gremio de la Librería a la indigencia; o bien, si al otorgarse el derecho exclusivo a los primeros poseedores se reservarían recursos para los grandes emprendimientos; eso me parece evidente. Al pronunciarse contra las prórrogas, el Parlamento se basó en el primer supuesto; para autorizarlas, el Consejo se basó en el segundo, y de esta manera los socios continuaron gozando de sus privilegios. Pero hay más. Le pido, señor, que prosiga mi razonamiento.

El canciller Séguier,[9] hombre de letras y hombre de Estado, sensible a la condición miserable de la Librería y persuadido de que si la compañía de los *Usages* había intentado una empresa considerable había sido por el beneficio de su privilegio,

---

[9] Pierre Séguier (1588-1672) fue nombrado canciller de Francia en 1635.

lejos de impugnar este recurso pensó en ampliar el número de obras en las que la posesión segura y continua pudiera acrecentar el ánimo y la fortuna del comerciante; fue este momento, entonces, cuando el control para el comercio de libros dio un nuevo paso y los privilegios cambiaron toda su naturaleza. Deberíamos sentirnos felices si el odioso título de "privilegio" también hubiera desaparecido.

En aquel entonces, las ediciones que se realizaban ya no eran de manuscritos antiguos ni de dominio común; aquellos estaban casi agotados y los otros habían dejado lugar a la publicación de obras de autores contemporáneos que se creían dignas de pasar a naciones lejanas, de trascender a tiempos futuros y que prometían al librero numerosas ediciones. El comerciante trataba con el literato, en consecuencia solicitaba en la Cancillería los privilegios correspondientes y tras su expiración, la prórroga o la renovación.

El acuerdo entre el librero y el autor se hacía en aquel entonces igual que ahora. El autor recurría al librero y le proponía su obra: convenían el precio, el formato y otras condiciones. Esas condiciones y el precio quedaban estipulados en un acta privada por la cual el autor cedía a perpetuidad y sin devolución su obra al librero y a sus derechohabientes.

Pero como era importante para la religión, para las costumbres y para el gobierno que no se publicara nada que pudiera herir esos valores respetables, el manuscrito era presentado al canciller o a su sustituto, los cuales nombraban un censor para la obra y, según su testificación, permitían o rehusaban la impresión. Sin duda usted imaginará que este censor debía ser algún personaje grave, sabio, experimentado, un hombre cuya sagacidad y luces estuvieran acordes con la importancia de su función.

En cualquier caso, si la impresión del manuscrito se permitía, se concedía al librero un título que respondía siempre al nombre de "privilegio", el cual lo autorizaba a publicar la obra que había adquirido y a contar con la garantía, bajo penas específicas para quien la contraviniera, de disfrutar tranquilo de un bien que, por un acta privada firmada por el autor y por él mismo, le transmitía la posesión perpetua.

Con la edición publicada, el librero quedaba obligado a presentar nuevamente el manuscrito como única prueba ante la cual se podía constatar la conformidad exacta entre la reproducción y el original; en consecuencia, el librero resultaba acusado o excusado por el censor.

El plazo del privilegio era limitado, ya que con las obras ocurre lo mismo que con las leyes: no existe ninguna doctrina, ningún principio, ninguna máxima, cuya publicación convenga ser autorizada de igual manera en todos los tiempos.

Si al expirar el primer plazo del privilegio el comerciante solicitaba su renovación, ésta le era concedida sin dificultad. ¿Por qué le hubiera sido rechazada? ¿Acaso una obra no pertenece a su autor tanto como su casa o su campo? ¿Acaso éste no puede alienar jamás su propiedad? ¿Es que hubiera estado permitido, bajo cualquier causa o pretexto, despojar a la persona que el autor eligió libremente para sustituirle en su derecho? ¿Es que ese sustituto no merece recibir toda la protección que el gobierno concede a cualquier propietario contra toda clase de usurpadores? Si un particular imprudente o desdichado adquiere, asumiendo riesgos propios e invirtiendo su fortuna, un terreno con pestes o que se arruina, sin dudas la prohibición de habitarlo entra en el orden lógico. Pero sea sano o con pestes, la propiedad le sigue perteneciendo y sería un acto de tiranía e injusticia, que desestabilizaría todas las convenciones de los ciudadanos, el hecho de que se transfiriera el uso y la propiedad a otros. Ya regresaré sobre este punto, que constituye la base sólida o la ruina de la propiedad del librero.

No obstante, a despecho de estos principios que pueden contemplarse como los fundamentos de la jurisprudencia sobre las posesiones y las adquisiciones, el Parlamento continuó desaprobando con sus decretos las renovaciones y las prórrogas de los privilegios, sin que se pueda imaginar otra razón que la siguiente: al no estar lo suficientemente informado sobre la revolución que se había suscitado en el control de la Librería y la naturaleza de los privilegios, el Parlamento seguía con su temor por lo exclusivo. Sin embargo, el Consejo, con más claridad —me atrevo a decirlo— y distinguiendo con justicia entre el acto libre del autor y el librero del privilegio concedido por la Cancillería, exponía los decretos del Parlamento y restringía su ejecución a los libros antiguos que habían sido publicados originalmente a partir de manuscritos del dominio común. Así mismo, continuaba dejando y garantizando a los libreros la propiedad sobre aquellas obras que habían sido legítimamente adquiridas a los autores vivos o a sus herederos.

Sin embargo, el espíritu de interés no es el mismo que el de la equidad. Aquellos que no tienen nada o muy poca cosa siempre están dispuestos a ceder lo poco o nada que poseen para obtener el derecho de atentar contra la fortuna del hombre acomodado. Los libreros indigentes y ávidos extendieron con mala fe los decretos del Parlamento a toda suerte de privilegios y se creyeron autorizados a imitar indistintamente los libros antiguos y los libros nuevos una vez que los privilegios habían expirado. Para ello alegaban, según la ocasión, la jurisprudencia del Parlamento o la ignorancia acerca de la prórroga del privilegio.

De ahí que se sucedieran múltiples procesos siempre juzgados contra el imitador, pero casi siempre dañinos tanto para el ganador como para el perdedor, pues no hay nada más contrario a la asiduidad que demanda el comercio que la necesidad de reivindicar derechos ante los tribunales.

Pero, ¿no es extraña la conducta de estos libreros que, movidos por el deseo de usurpar una parte de la fortuna de sus colegas, abandonan la riqueza de su posteridad a la usurpación del primero que llega? Usted convendrá, señor, en que estos miserables se comportan como gente que condena a sus hijos y nietos a ser perpetuamente pobres como lo fueron sus antecesores. Pero prefiero continuar con la historia del código de la Librería y de la institución de los privilegios, la cual me libra de las tristes reflexiones sobre la naturaleza del hombre.

Con el fin de calmar los litigios entre libreros que fatigaban al Consejo y a la Cancillería, el magistrado prohibió verbalmente ante la comunidad que se imprimieran aquellas obras que no tuvieran patentes de privilegios con sello real. La comunidad, es decir, la parte miserable de los libreros, manifestó su rechazo; sin embargo, los magistrados se mantuvieron firmes y extendieron su orden verbal a los libros antiguos. El Consejo, al estatuir dicha orden sobre los privilegios y las prórrogas mediante las patentes del 20 de diciembre de 1649, prohibió que se imprimiera cualquier libro sin el privilegio del rey, dando así preferencia al librero que hubiese obtenido el primer permiso de continuidad acordado luego a otros. También proscribió las imitaciones, desestimó los pedidos de prórroga tras la expiración de los privilegios y restringió estas demandas a

los libreros cuyos privilegios habían sido acordados previamente, de este modo permitió que la
renovación se tramitase cuando se solicitara en
forma. Así mismo ordenó que todas las cartas de
privilegio y de continuidad fueran inscriptas en
el Registro de la Comunidad, cuyo síndico debía
presentar ante la primera requisitoria. Esto se hizo
para evitar apelaciones posteriores basadas en el
desconocimiento y para que no hubiera competencia imprevista o fraudulenta en la obtención
de un mismo permiso.

Tras esta decisión, ¿no cree usted, señor, que
todo litigio hubiera debido cesar y que el Ministerio se tendría que haber limitado a velar, en la
medida que de él dependía, por la tranquilidad
de los poseedores de los privilegios? Sin embargo, la parte indigente y rapaz de la comunidad
hizo sus últimos esfuerzos contra los nuevos la-
zos que ataban sus manos.

Tal vez a usted le sorprenda que un hombre al
que no le niegan el título de compasivo se alce
contra los indigentes. Señor, consiento de buen
grado en dar limosnas, pero no dejo que me roben; y si la miseria ha venido a disculpar la usurpación, deberíamos preguntarnos dónde nos en-
contramos.

El padre del último de los Estienne, que tenía
más cabeza que fortuna y no más fortuna que
equidad, fue elevado tumultuosamente a la condición de síndico por la facción de los descon-

tentos. Desde ese lugar que le confería poderes, gestionó y obtuvo diferentes decretos del Parlamento que lo autorizaron a citar en los Tribunales a todos aquellos que recibieran nuevas prórrogas de privilegios. Entre estos decretos hubo uno fechado el 7 de septiembre de 1657 que prohibía solicitar cualquier tipo de permiso de reimpresión sin que hubiera un aumento de la cuarta parte en la obra.

Señor, ¿conoce usted algo tan insólito? Confieso que me indignan profundamente esas reimpresiones sucesivas que en diez años reducen mi biblioteca a una cuarta parte de su valor; pero, ¿es razonable que por tal consideración se le impida a un autor corregir las faltas que se le puedan haber escapado, retractarse de lo superfluo y añadir lo que falta a su obra? ¿No se le podría exigir al librero que por cada nueva reimpresión, distribuyera aparte las adiciones, las correcciones, los cambios y las supresiones? Esta sería una atención digna de un magistrado, si en verdad amara a los literatos, y de los directores de la Librería, si tuvieran alguna noción del bien público. Debería encontrarse una barrera capaz de oponerse a ese orgullo necio, a esa baja condescendencia del autor hacía el librero y su bellaquería. ¿No es evidente que por una línea de más o de menos, una frase invertida, una adición de dos líneas, una nota buena o mala, se reduce casi a nada una obra voluminosa que me ha costado mucho dinero? ¿Acaso soy lo bastante rico

para que puedan multiplicarse a discreción mis pérdidas y mis gastos? ¿Qué puede importarme que
los almacenes del librero se abarroten o se vacíen,
si mi biblioteca se deprecia día a día y él me arruina para enriquecerse? Perdone, señor, esta digre-
sión a un hombre que podría citarle veinte obras
de elevado precio de las que se ha encontrado
obligado a comprar cuatro ediciones diferentes
en veinte años y que, si fuera otra la reglamentación, habría gastado la mitad en adquirir el doble de libros.

Después de un cisma muy largo, la comunidad de libreros se reunió y el 27 de agosto de
1660 estableció un acuerdo por el cual se convi-
no por mayoría de votos que aquellos que obtu-
vieran privilegios o continuaciones, incluso de
obras publicadas fuera del reino, podrían
usufructuarlas en exclusividad.

Pero, ¿qué pacto sólido puede haber entre la
miseria y la comodidad? ¿Es preciso llegar hasta
los principios de la justicia más severa para comprender que la imitación es un robo? Si un imitador diera a la estampa una obra cuyo manuscrito
le hubiera costado un alto precio, si hubiera obtenido del Ministerio un usufructo exclusivo y se
preguntase a sí mismo si aceptaría con agrado que
a su vez le imitaran, ¿que se respondería? Este
caso es tan simple que yo jamás supondría que
alguien dotado con un mínimo de equidad pudiera tener ideas diferentes de las mías.

A pesar de todo, estas imitaciones continuaron, sobre todo en provincias, donde se invocaba como pretexto la ignorancia de las continuaciones acordadas y se oponía a las decisiones del Parlamento el testimonio de la propia conciencia. Los propietarios atacaban a los imitadores; sin embargo, el castigo que obtenían para éstos, ¿alcanzaba para resarcirles del tiempo y del dinero invertidos que hubieran podido emplear en tareas mejores?

El Consejo, que veía desvirtuada su prudencia, nunca abandonó su plan. ¡Cómo puede la perversidad de los malvados trabar las cosas más simples! ¡Cuánta porfía y reflexión hacen falta para idear estos subterfugios! El señor d'Ormesson[10] instó a la comunidad, el 8 de enero de 1665, a que propusiera medios eficaces, si los conocía, para terminar con todas las discusiones derivadas de los privilegios y sus prórrogas.

Estienne, aquel antagonista tan celoso de los privilegios, decidió entonces cambiar de partido; existía un certificado de su puño, datado el 23 de octubre de 1664, donde se establecía que tanto los privilegios otorgados a los libros viejos como la continuación de los privilegios a los nuevos eran necesarios para el interés público. Enseguida se aportó ese título de ignorancia o de mala fe en la instancia cursada por Josse, librero de París, con-

---

[10] Olivier Le Fèvre d'Ormesson (c.1610-1686) fue consejero de Estado durante el reinado de Luis XIV.

tra Malassis, librero de Rouen que pirateaba a
Busée y a Beuvelet.[11] Las comunidades de Rouen
y de Lyon intervinieron; el Consejo determinó la
ocasión propicia para manifestar positivamente
sus intenciones. Malassis fue condenado a las
penas establecidas en los reglamentos y las dispo-
siciones de los edictos del 20 de diciembre de
1649, renovados por el decreto del 27 de febrero
de 1665, donde se insistía en obtener la continuación de los privilegios, en solicitarlos un año
antes de la fecha de expiración y en no continuar
imprimiendo autores antiguos a menos que hubiese una ampliación de textos o correcciones
considerables. Así mismo se especificaba que las
prórrogas de los privilegios debían ser notificadas
a Lyon, Rouen, Tolousse, Bordeaux y Grenoble;
sin embargo, esta notificación casi nunca se hizo.
Cada librero, tanto de París como de provincias,
estaba obligado a registrar sus privilegios y prórrogas en la Cámara Sindical de París. El síndico,
por su parte, podía conocer los privilegios y las
prórrogas anteriormente acordadas, así como tam-

[11] Johannes Busée y Mathieu Beuvelet fueron dos religiosos de origen holandés y francés respectivamente, autores de numerosos manuales de teología. Entre las obras de
Busée se destacan *De statibus hominum*, de 1613 y
Enchiridion piarum meditationum in omnes dominicas, de
1645; entre las de Beuvelet, *Méditations* [*Meditaciones*], de
1672 y *Conduites pour les exercices ecclésiastiques* [*Conductas
para los ejercicios eclesiásticos*], de 1663.

bién denegar el registro de los privilegios y sus prórrogas posteriores avisando al interesado, ante cuya respuesta el demandante desistía o procedía ante el Consejo.

He aquí cómo la cuestión de los privilegios devino constante y los poseedores de los manuscritos adquiridos a los autores obtuvieron autorización para publicar; autorización cuya prórroga solicitaban tantas veces como convenía a sus intereses, y cuyos derechos cedían a otros a título de venta, de herencia o de abandono, como lo practicó la compañía de los *Usages* durante un siglo entero.

Este último reglamento resultó tan favorable a la Librería que los obispos comenzaron a producir otros *Usages* particulares para sus diócesis y los asociados por *Le Usage romain* –que cesaba de ser universal– se separaron, dejando que creciera en el extranjero esta rama del comercio que los había sostenido desde tiempos remotos con una suerte de distinción. Así mismo los asociados se vieron obligados, a causa de una especulación mal entendida, a proveerse de los mismos *Usages* a través de los libreros a quienes habían proveído en el pasado. Pero los sabios, que ilustraron el siglo de Luis XIV, hicieron que esta pérdida fuera insignificante.

Confíe un poco, señor, en la palabra de un hombre que ha examinado las cosas de cerca. Fue debido a las obras de aquellos sabios, pero quizá aún más a la propiedad de las adquisiciones y a la permanencia inalterable de los privilegios, que debemos los 50 volúmenes en folio, o más, de la colección de los *Pères de l'Église*[12] por los reverendos padres benedictinos; los 20 volúmenes en folio de las *Antiquités* del padre de Montfaucon;[13] los 14 volúmenes en folio de Martène;[14] el *Hippocrate* griego y latino de Chartier en 9 volúmenes en folio;[15] los 6 volúmenes en folio del *Glossair* de Du Cange;[16] los

[12] El nombre "Padres de la Iglesia" refiere a diversos teólogos de los primeros cinco siglos de la era cristiana; entre ellos: Clemente de Roma, Ignacio de Antioquía, San Ambrosio, San Agustín y Cirilo de Alejandría.

[13] Los 5 tomos de la *Antiquité expliquée et représentée en figures* [*La antigüedad explicada y representada en figuras*] de Bernard Montfaucon (1655-1741) fueron publicados en París entre 1719 y 1724 y comprendían diez volúmenes.

[14] Diderot se refiere probablemente a los 5 volúmenes del *Tesaurus novus anecdotorum* [*Nuevo tesauro anecdótico*] de Edmond Martène (1654-1739) que se publicaron en París a partir de 1717, y a la colección intitulada *Veterum scriptorum et monumentorum historicorum, dogmaticorum, moralium, aplissima collectio,* [*Vastísima colección de escritores, monumentos históricos, dogmáticos y morales antiguos*] cuyos 9 volúmenes fueron publicados en París entre 1724 y 1733.

[15] René Chartier (1572-1654) tradujo y editó *Hippocrate et Galien* [*Hipócrates y Galeno*] en 1639.

[16] Diderot alude a la reedición del *Glossarium ad scriptores mediae et infimae graecitatis* [*Glosas a autores griegos medievales y antiguos*], de Charles Dufresne Du Cange (1610-1688), publicada en París entre 1733 y 1736.

9 volúmenes en folio de la *Histoire géneologiqué*;[17] los 10 volúmenes en folio de Cujas;[18] los 5 volúmenes en folio de Du Moulin;[19] las bellas ediciones de *Rosseau*, de *Molière*, de *Racine*; en una palabra, todos los grandes libros de teología, de historia, de erudición, de literatura y de derecho.

En efecto, sin las entradas cotidianas de otros fondos editoriales de librería, ¿cómo se hubieran realizado los emprendimientos arriesgados? El fracaso de una sola de estas empresas hubiera sido suficiente para mermar la fortuna mejor asentada; y sin la seguridad de los privilegios acordados tanto para esas obras voluminosas como para otras cuya venta corriente permitía los proyectos especiales, ¿quién hubiera osado acometerlos cuando se presentaba la ocasión?

El Consejo, convencido de la sagacidad de su reglamento, dio su apoyo y siguió dándolo hasta

---

[17] Se refiere probablemente a la *Histoire généalogique de la maison de France*, en la que contribuyeron sucesivamente, a mediados del siglo XVII, Scévole, Louis, Pierre-Scévole y Nicolas-Charles de Saint Marthe.

[18] Jacques Cujas (c.1520-1590) fue autor de diversas obras sobre el derecho romano que sirvieron, bajo el reinado de Luis XIV, como referencia para la elaboración del derecho francés. Los 10 volúmenes de su *Opera Omnia* [*Obras completas*] fueron publicados en París en 1658 (la reedición de Nápoles, de 1758, constaba de 11 volúmenes).

[19] Se refiere a los 5 volúmenes de *Omnia quae extant opera*, de Charles Du Moulin (1500-1566), impresos en París en 1681.

nuestros días por medio de continuos decretos que a usted le son más conocidos que a mí.

El padre Daguesseau, nombrado responsable principal de la Librería, jamás concedió privilegios a nadie que no fuera acreedor de su validez y capaz de hacer renuncia expresa, dado que el derecho de privilegio, una vez acordado, no se extinguía luego de su expiración: su efecto se prolongaba hasta la entera consumación de las ediciones.

Hubo numerosos decretos del Consejo y especialmente uno fechado el 10 de enero que se pronunció contra los libreros de Tolousse ordenando confiscar las imitaciones tras la expiración de los privilegios. El motivo de la confiscación fue que se encontraron numerosas imitaciones en los almacenes de quienes tenían privilegios. Y dicho motivo, que no fue el único, fue justo. ¿Acaso un comerciante no sufre ya un grave menoscabo con esos fondos que se apilan en su almacén, para que la competencia de un imitador condene esas pilas de libros a la inmovilidad o al basural? ¿Acaso no es el privilegio el que ha adquirido y pagado el manuscrito al autor? ¿Quién es el propietario? ¿Quién lo es más legítimamente? ¿No es acaso bajo la salvaguardia que se le concedió, bajo la protección que le fue asignada mediante un título firmado por el puño del soberano, que el librero puede consumar su empresa? Si es justo que el librero goce de su derecho, ¿no es injusto que se lo expolie, no es indecente que ello se tolere?

Tales son, señor, las leyes establecidas para los privilegios; es así como se han formado. Si muchas veces esas leyes fueron atacadas, también han sido constantemente mantenidas, excepto por una sola circunstancia reciente.

Mediante un decreto del 14 de septiembre de 1761, el Consejo acordó a los descendientes de nuestro inmortal La Fontaine el privilegio de sus *Fables* [*Fábulas*].[20] Sin dudas es un bello gesto que un pueblo honre la memoria de sus grandes hombres. Es un sentimiento muy noble, muy generoso y muy digno para que yo pretenda censurarlo. El vencedor de Tebas respetó la casa de Píndaro en las ruinas de la patria del poeta, y la historia ha consagrado aquella consideración tanto al conquistador como a las letras. Pero si durante su vida Píndaro hubiera vendido su casa a cualquier tebano, ¿acaso cree usted que Alejandro hubiera roto el contrato de venta y desalojado al legítimo propietario? Se ha supuesto que el librero no contaba con ningún título de propiedad y yo estoy completamente dispuesto a creerlo; no es propio de un hombre de mi condición alegar por la causa de un comerciante en contra de la posteridad del autor. Pero sí es propio de un hombre justo el reconocer la justicia y decir la verdad incluso contra su propio interés. Quizá mi interés sea no des-

[20] Jean de La Fontaine (1621-1695) escribió 241 fábulas publicadas por primera vez entre 1668 y 1694.

pojar a mis hijos, a quienes dejaré menos fortuna
que ilustración, del triste beneficio que supondría expoliar a mi librero cuando yo ya no esté.
Pero si ellos cometieran la bajeza de recurrir a la
autoridad con el fin de cometer esta injusticia,
declaro que tendrían que estar extinguidos en sus
corazones los sentimientos que he tratado de ins-
pirarles para que pisoteen así, por mero afán de
lucro, lo más sagrado de las leyes civiles referidas
a la propiedad; declaro que yo me creí dueño, y
aparentemente lo era, de mis buenas y malas producciones, producciones que yo he enajenado libre y voluntariamente y por las que recibí el precio que creí oportuno; o declaro que la cuarta
parte de los viñedos y la fanega de prado que todavía me veré forzado a distraer de la herencia de
mis padres para ayudar a su educación no les pertenece a mis hijos en modo alguno. Que consideren qué partido tomarán. Puede ser que mis
hijos me declaren insano en el momento que yo
transija o cometan la injusticia más evidente.

Tal concesión, que apartaba al estatuto de los
libreros de sus fundamentos, produjo las más vi-
vas alarmas de todos los comerciantes del gremio.
Los interesados, que se sentían expoliados en favor de las señoritas La Fontaine, denunciaron que
el decreto del Consejo había sido obtenido gracias a una falsa exposición de los hechos. El asunto todavía parecía pendiente en el tribunal. Sin
embargo, se cursó un requerimiento a la Cáma-

ra, mediante una suerte de reglamento, para registrar el privilegio de las herederas sin que pudiera plantearse ninguna oposición. Tales circunstancias terminaron por decidir a la comunidad de la Librería a unirse, intervenir y negociar, dada la importancia que revestían esos fondos. Consideraron que aquel desprecio a toda oposición era contrario a cuanto se venía practicando desde los tiempos de las gracias acordadas por el príncipe, quien sólo las concedía para salvaguardar el derecho de los terceros. Tales gracias carecían de valor hasta que no se hubiera procedido a su registro; así mismo, suponían para quienes eran notificados de este trámite, el examen más escrupuloso respecto del perjuicio que podían causar. A pesar de ese examen por parte de los síndicos y los adjuntos, incluso bajo conocimiento del daño que la benevolencia del soberano podía ocasionar y de las oposiciones legítimas que se suscitarían, se procedía a registrarlas. Pero nunca se vacilaba si, llegado el caso, había que oponerse a la intención del príncipe, pues éste no tenía la necesidad ni el propósito de oprimir a algunos de sus súbditos para favorecer a otros. En tal caso, con plena evidencia, podía despojarse de la propiedad al poseedor para transferirla al demandante en contra de la máxima del derecho.

Señor, en verdad no sé qué podría responderse a estos alegatos. Quisiera creer que ellos nunca llegaron a oídos del soberano. Es una gran desgracia para un monarca no poder escuchar nunca la verdad. Me parece que es una sátira cruel por parte de quienes lo rodean que levanten en torno suyo esa barrera que lo aísla de manera impenetrable. A medida que voy envejeciendo me parece más ridículo juzgar la felicidad de un pueblo según la sagacidad de sus normas. Pues, ¿para qué sirven esas leyes si no son observadas? No son otra cosa que bellas líneas para el porvenir escritas en un pliego de papel.

Yo tenía el propósito de seguir con el tema del establecimiento de las leyes concernientes a los privilegios de librería desde su origen hasta el presente, y creo haber cumplido con la primera parte de mi tarea. Me resta examinar de manera un poco más estricta su influencia sobre la imprenta, la Librería y la literatura y lo que estas tres profesiones ganarían o perderían si fueran abolidas. En más de una ocasión repetiré algunos puntos que ya he tratado en el pasado y me extenderé sobre ciertos asuntos. Poco me importa esto si logro ser más convincente y más claro. ¿Qué magistrado existe, sin exceptuarlo a usted, al cual este tema no le resulte enteramente nuevo? Sin embargo usted sabe, señor, que cuanto mayor es la autoridad, mayores son las luces que se necesitan.

Cuando los hechos devienen conocidos podemos comenzar a razonar. Sería una extraña paradoja, en tiempos donde la experiencia y el buen sentido concurren a demostrar que todas las dificultades redundan en perjuicio del comercio, pretender que sólo los privilegios puedan sostener a la Librería. No obstante, nada es más cierto. Pero no podemos dejarnos impresionar por las palabras.

Ese título odioso que consiste en conferir gratuitamente a una sola persona un beneficio al que todos pueden con justicia aspirar, ése es el privilegio aborrecido por el buen ciudadano y el ministro competente. Resta por saber si el privilegio del librero es de esta naturaleza. Según lo que precede, usted ha visto cuán falsa resulta la siguiente idea: el librero adquiere mediante un contrato un manuscrito; el Ministerio, mediante un permiso, autoriza su publicación y garantiza al comprador la tranquilidad de su posesión. ¿Qué hay en esto contrario al interés general? ¿Qué se hace por el librero que no se haga por cualquier otro ciudadano?

Dígame, señor, si acaso quien compra una casa no es su propietario y su poseedor exclusivo; si usted adhiere a este punto de vista, dígame si todos los actos que aseguran a una persona la posesión fija y constante de un bien no constituyen privilegios exclusivos; si, bajo el pretexto de que el poseedor se ha resarcido de manera suficiente del primer precio de su adquisición, es lícito despojarle de su posesión; si esa expoliación no sería el acto más violento de la tiranía; si tal abuso de poder no tendería a hacer inseguras todas las fortunas e inciertas todas las herencias; si no reduciría al pueblo a la condición de siervos y no con-

formaría un Estado compuesto de malos ciudadanos. Está demostrado, para todo hombre que
piense, que aquel que considere nula la propiedad o sólo cuente con una posesión precaria, jamás podrá ser un buen ciudadano.[21] En efecto,
¿qué lo retendría en una gleba más que en otra?

El prejuicio surge al confundirse la profesión del
librero, la comunidad de libreros, la corporación
con el privilegio; y el privilegio con el título de posesión, cosas que no tienen nada en común. Nada,
señor. Pues entonces, que se destruyan todas las comunidades, que se devuelva a todos los ciudadanos
la libertad de aplicar sus facultades según sus gustos
e intereses, que se den por abolidos todos los privilegios, incluso los de librería: consiento en ello, todo
estará bien siempre y cuando subsistan las leyes sobre los contratos de venta y adquisición.

En Inglaterra existen comerciantes de libros,
pero no comunidad de libreros; hay libros impresos
pero no se expiden privilegios. Sin embargo, quien
hace una imitación es considerado un ladrón; el
ladrón es llevado ante los tribunales y castigado
según las leyes. Los libros impresos en Inglaterra
son pirateados en Escocia y en Irlanda. Pero es inusual que los libros impresos en Londres se pira

---

[21] En el artículo de la *Encyclopédie* correspondiente a "Ciudadano" puede leerse: "La calidad de ciudadano [supone] una
sociedad en la que cada particular conoce los hechos, ama el
bien y puede prometerse alcanzar las primeras dignidades".

teen en Oxford o en Cambridge. Sucede que allí no se conoce la diferencia entre la compra de un campo o de una casa y la adquisición de un manuscrito; no existe tal diferencia o quizá sólo existe a favor del comprador de un original. Es lo que insinué más arriba, lo mismo que demostraron los asociados para la edición de las *Fables* de La Fontaine al presentar su memoria, aunque dudo de que obtengan una respuesta.

En efecto, ¿qué bien podría pertenecer a un hombre si la obra de su espíritu, fruto único de su educación, de sus estudios, de sus vigilias, de sus tiempos, de sus búsquedas, de sus observaciones; si las horas más bellas, los momentos más hermosos de su vida; si sus pensamientos íntimos, los sentimientos de su corazón, la parte más preciosa de sí mismo, esa que no perece y que lo inmortaliza, no le pertenece? ¿Acaso no se puede comparar al hombre, a esa sustancia misma del hombre que es su alma, con el campo, el prado, el árbol o la viña que la naturaleza ofreció en un comienzo igualmente a todos, y que la persona se apropió mediante la cultura, es decir, con el primer medio legítimo de posesión? ¿Quién está en más derecho que el autor para disponer de su obra, ya sea para cederla o para venderla?

Ahora bien, el derecho del propietario es la verdadera medida del derecho del comprador.

Si yo legara a mis hijos el privilegio de mis obras, ¿quién osaría expoliarlos? Si yo, forzado por sus necesidades o por las mías, alienara ese privilegio transfiriéndolo a otro propietario, ¿quién podría, sin quebrantar todos los principios de la justicia, discutir esa nueva propiedad?[22] Si no fuese así, ¿no sería vil y miserable la condición de un literato? Siempre bajo tutela, sería tratado como un niño mentalmente limitado cuya minoría no cesaría jamás. Sabemos muy bien que la abeja no fabrica la miel para ella; pero, ¿el hombre tiene derecho a servirse del hombre de la misma manera que usa al insecto que produce la miel?

Yo lo repito: el autor es dueño de su obra, o no hay persona en la sociedad que sea dueña de sus bienes. El librero entra en posesión de la obra del mismo modo que ésta fue poseída por el autor y se encuentra en el derecho incontestable de obtener el partido que mejor le convenga para sus sucesivas ediciones. Sería absurdo impedírselo, pues sería como condenar a un agricultor a dejar yermas sus tierras, o al propietario de una casa a dejar vacías sus estancias.

Señor, el privilegio no es más que una salvaguarda acordada por el monarca para la conservación de un bien cuyo valor, de no estar autorizado expresamente, no justificaría en muchas ocasiones

[22] En efecto, Diderot dejará parte de sus mansucritos a Catarina de Rusia, parte a su hija Mme. de Vandeul, parte a Naigeon, parte a Melchior Grimm; lo que suscitará serias disputas tras su muerte, sobre todo entre Naigeon y Mme. de Vandeul.

su defensa. Extender la noción de privilegio de librería más allá de sus límites, es un error; es facilitar la invasión más atroz; es ignorar las convenciones y las propiedades; es perjudicar con iniquidad a los hombres de letras, a sus herederos o derechohabientes; es permitir que una parcialidad tiránica gratifique a un ciudadano a expensas de su vecino; es llevar la turbación a una infinidad de familias tranquilas; es causar la ruina a quienes, confiados en la validez de los reglamentos, aceptaron bienes de librería en los repartos de sucesión, o forzarlos a pedir contribución a sus beneficiarios mediante un reclamo justo que no se les podría negar ya que han recibido bienes garantizados según la autoridad de las leyes; es enfrentar hijos contra hijos, padres contra padres, acreedores contra cesionarios; es imponer silencio a toda justicia.

Si un asunto de esta naturaleza se presentara ante el Tribunal Común de la Justicia, si el librero no tuviera un superior absoluto que decidiera a su voluntad, ¿qué desenlace cree usted que tendría?[23]

Mientras le escribía, descubrí que acerca de este tema existía una memoria impresa por uno de nuestros más célebres jurisconsultos: el señor d'Héricourt.[24] La he leído y me ha satisfecho com-

[23] Los conflictos de librería dependían directamente de la Cancillería y no eran regulados por los tribunales ordinarios.
[24] Louis d'Héricourt (1687-1752) fue consejero del Parlamento de París. En 1725 redactó una memoria en favor de los libreros.

probar que yo coincidía con sus mismos principios y que ambos hemos derivado las mismas conclusiones.

Está fuera de dudas que el soberano que puede abrogar leyes cuando las circunstancias son per-
judiciales puede tener, por razones de Estado,
potestad para negar la continuación de un privilegio. Sin embargo, yo no creo que se dé ningún
caso imaginable donde él tenga el derecho de
transferirlo o repartirlo.

Es el desconocimiento de la naturaleza del privilegio de librería, es la limitación de su duración y el
nombre mismo de "privilegio" lo que ha expuesto
ese título a la prevención general y bien fundada
que se suscita contra cualquier otra exclusividad.

Si fuera cuestión de reservar a uno solo el derecho
inalienable de imprimir libros en general o sobre una
materia particular, como la teología, la medicina, la
jurisprudencia o la historia, o de obras sobre un asunto
determinado, como la historia de un príncipe, un
tratado sobre el ojo, sobre el hígado o sobre una en-
fermedad, la traducción de un autor específico, de
una ciencia o de un arte; si ese derecho fuera un acto
de la voluntad arbitraria del príncipe, sin otro fundamento legítimo que su antojo, su poderío, su fuerza
o ese tipo de predilección que podría sentir un padre
hacia uno de sus hijos ignorando a los otros; si así
fuera, resulta evidente que tales privilegios serían
opuestos al bien general, al progreso del conocimiento y a la industria de los comerciantes.

Pero insisto una vez más, señor, no se trata de eso. Se trata de un manuscrito, de un bien legítimamente cedido y legítimamente adquirido, de una obra privilegiada que pertenece a un solo comprador, que no puede, sin violencia, transferirse en su totalidad o en parte a otro; se trata de un bien cuya propiedad individual no impide en absoluto componer y publicar ejemplares de manera indefinida. Quienes tenían el privilegio de la *Histoire de France* [*Historia de Francia*] de Mézeray jamás formularon la menor pretensión contra las de Riencourt, Marcel, el presidente Hénault, Le Gendre, Bossuet, Daniel o Velly.[25] Los propietarios del Virgilio de Catrou dejaron en paz a los poseedores del Virgilio de La Landele, de Lallemand y

[25] La *Histoire de France* de François Eudes de Mézeray (1610-1683) fue publicada en París entre 1643 y 1651. La *Histoire de la monarchie françoise* [*Historia de la monarquía francesa*] de Simon de Riencourt (1605-1693) fue impresa en 1688. La *Histoire de l'origine et des progrès de la monarchie françoise* [*Historia del origen y del progreso de la monarquía francesa*] de Gillaume Marcel (1647-1708), en 1686. El *Abrégé chronologique de l'histoire de France* [*Compendio cronológico de la historia de Francia*] de Jean-François Charles Hénault (1685-1770), en 1744. La *Histoire de France* de Louis le Gendre (1655-1733), en 1700. Los *Discours sur l'histoire universelle* [*Discursos sobre la historia universal*] de Jacques Bénigne Bossuet (1627-1704), en 1681. La *Histoire de France* de Gabriel Daniel (1649-1728), en 1696. Los cuatro tomos de la *Histoire de France* de Paul François Velly (1709-1759), en 1755.

del padre Desfontaines;[26] y el derecho permanente sobre esos bienes no genera más inconvenientes que los de dos prados o campos vecinos atribuidos a dos personas diferentes.

Podría objetarse: "Los intereses de los particulares poco cuentan frente al interés general". ¡Cuán fácil es invocar una máxima general que ninguna persona se atreve a impugnar! Pero, ¡qué difícil y raro es conocer todos los detalles necesarios para prevenir una falsa aplicación!

Por fortuna, tanto para mí como para usted, señor, puedo decir que he ejercido la doble profesión de autor y de librero; he escrito y numerosas veces he impreso por cuenta propia. Puedo asegurarle, señor, que nada se concilia peor con la vida activa del comerciante que la vida sedentaria del hombre de letras. Somos incapaces de una infinidad de pequeñas obligaciones; sobre 100 autores que aceptarían ocuparse ellos mismos de vender sus obras, 99 se acomodarían mal a dicha tarea y la detestarían. El librero poco escrupuloso cree que el autor es su oponente. Él, que protesta cuando piratean su trabajo, que se tendría por hombre poco honrado si pirateara a su colega, reivindica su condición y las

[26] La versión de las obras de Virgilio por François Catrou (1659-1737) fue publicada en 1716; la del padre Jean Baptiste de la Landele (1666-1742), en 1736; la de Jacques Lallemand (1660-1749), en 1748 y la de Pierre François Guyot Desfontaines (1685-1745), en 1743.

cargas que pesan sobre su actividad, que el literato no comparte, y así termina por caer en la piratería. Los corresponsales de provincias nos roban impunemente, mientras los comerciantes de la capital no ponen suficiente interés en aumentar las ventas de nuestras obras. Si el descuento que se le acuerda al librero es fuerte, el provecho del autor se desvanece; y además llevar los libros de compras y ventas, responder, cambiar, recibir, enviar… ¡Qué ocupaciones para un discípulo de Homero o de Platón!

Debo el conocimiento sobre el comercio de libros a mi experiencia; a ella se añade el antiguo hábito de tratar con los libreros. Los he visto, los he escuchado; y aunque en estos comerciantes, como en los otros, existan pequeños misterios, en algunas ocasiones dejan escapar aquello que reservan en otras. Usted podrá esperar de mí, si no resultados rigurosos, al menos esa suerte de precisión que considera necesaria. Aquí no es cuestión de partir un escudo para lograr dos.

Una persona que decide hacerse librero, incluso con poco capital de inversión, se apresura a adquirir diferentes libros de venta rápida.

El plazo medio entre la primera y la segunda edición de un buen libro puede estimarse en diez años. Con su primer dinero ya invertido, si al librero se le presenta un proyecto que lo seduce, se deja seducir; por lo tanto, se ve obligado a recurrir a un préstamo o a vender una parte del privilegio con el que hubiera recuperado poco más o menos el valor de la primera inversión. Dado que el empréstito sería ruinoso, el librero prefiere, no sin razón, vender una parte del privilegio.

Si el emprendimiento resulta beneficioso, gracias a su producto podrá recuperar lo que hubo de sacrificar y acrecentará sus fondos tanto con la nueva adquisición como con lo que habrá recuperado.

El fondo editorial de un librero es la base de su comercio y de su fortuna. Sí, señor, la base; ésta es una palabra que no debemos olvidar.

Si el librero fracasa en su empresa, como suele ocurrir la mayoría de las veces, sus adelantos de dinero se pierden, se encuentra con menos existencias y por lo general con deudas a pagar; pero dispone aún del fondo editorial que le resta, y por lo tanto, su ruina no resulta absoluta.

Debería extenderme menos si quisiera establecer la verdad, pero a cada línea me encuentro obligado a salir al paso de los absurdos que la opinión no se priva de objetar. Uno de los más fuertes y de los más comunes consiste en evaluar las ventajas y desventajas de una profesión; en tomar como ejemplo a algunos individuos raros y extraordinarios como el difunto Durand,[27] que a fuerza de industria, trabajo y mediante un sinnúmero increíble

---

[27] Laurent Durand, junto a Briasson y David, fue uno de los libreros asociados a Le Breton para la publicación de la *Encyclopédie*. En 1748 publicó *Les bijoux indiscrets* [*Los dijes indiscretos*]. Murió en 1763.

de transacciones y correspondencias, logran sacar un enorme beneficio del más magro resultado o reducir a poca cosa lo que para otros sería la más enorme pérdida.

Pocos son capaces de esta actividad; para muchos sería ruinosa incluso imponiéndose una tarea que ocupara todas las horas del día. Ninguno es recompensado sino a la larga. ¿Hemos de tomar tales extremos como punto de partida? No, señor, no. "Pero entonces, ¿de dónde?", podría usted decir. Debemos partir de la condición general y común del caso de un librero novato, que no es pobre ni rico, que no es un águila ni un imbécil. Ah, señor, pueden contarse rápidamente los libreros que tuvieron suerte en su comercio y alcanzaron la opulencia. En cambio, el número de aquellos que nadie cita, que languidecen en la calle Saint Jacques o en la ribera del Sena, que han recibido la limosna de la comunidad para pagarse el ataúd –esto dicho sin ofender a los autores– resulta prodigioso. Pero veamos, la condición general y común es esa que acabo de representarle; es la del joven librero cuyo único recurso, tras una empresa desafortunada, es aquello que le resta de su fondo editorial, con lo que se desenvuelve hasta que gracias a sus rentas habituales se encuentra en condiciones de arriesgarse a un segundo intento. Si los privilegios se abolieran o se llevaran al descrédito por un descenso reiterado de sus ganancias, dicho recurso

desaparecería; se acabaría con la economía de esta
rama del comercio, con toda esperanza, con todos los fondos sólidos, con todo el crédito, se
acabaría con todo recurso y con todo emprendimiento. Que se resuelva este asunto según dos
criterios, o bien transfiriendo la propiedad a otra
persona para su usufructo exclusivo o bien resta-
bleciéndola al bien común. El primer caso, oca-
sionará la ruina completa de los fondos editoriales ya que una expoliación absoluta del librero
no provocará ninguna ventaja para el público,
pues, ¿qué nos importa que sea Pedro o Juan quien
nos venda a Corneille? En el segundo caso no
será mucho el daño que sufrirá el librero ante una
competencia limitada o ilimitada. Quizá esto,
señor, no le resulte muy claro y necesite ser escla-
recido. Por lo general, una edición capaz de com-
petir es más onerosa que útil; con un solo ejemplo usted podrá considerar el resto.

Supongamos que el *Dictionnaire de la Fable*
[*Diccionario de la fábula*][28] vendiera un millar de
ejemplares al año y que el dueño del privilegio
publicara una edición de 6 mil, de la cual obtu-
viera rendimientos sobre la mitad. Por supuesto
que el librero diría que tal provecho es exagera-
do, objetaría los descuentos, los ejemplares sin
valor, la lentitud de los ingresos; pero dejémoslo

---

[28] Obra del padre Pierre Chompré (1698-1760), publicada en 1727. Existía una novena edición en 1760.

decir. Si la obra se imprimiera en París y se reimprimiera en Lyon, el tiempo de venta de las dos ediciones sería de 12 años y cada librero obtendría sobre su inversión apenas el 10%; es decir, el interés del comercio.

Si en este intervalo se hiciera una tercera edición en Rouen, la consumación de las tres ediciones demoraría 18 años e incluso 24 si la obra se reimprimiera en Tolousse.

Supongamos ahora, señor, que los competidores se multiplicaran en Bordeaux, en Orléans, en Gijon y en otras veinte ciudades; tendríamos entonces que el *Dictionnaire de la Fable*, obra que beneficiaba al propietario exclusivo, quedaría reducido a un valor nulo tanto para él como para los demás.

Usted dirá que niega la posibilidad de tales ediciones y competencias múltiples; que sus proporciones se verían condicionadas, según las necesidades del público, al precio más bajo de mano de obra, a la menor ganancia del librero y en consecuencia a las mayores ventajas del comprador que en definitiva es el único a quien se debe favorecer. Es ahí, señor, donde usted se engaña. Si aquello sucediera, las ediciones se multiplicarán al infinito, pues no hay nada que se haga con menos gastos que una mala edición. Y así sobrevendrá la competencia por la peor producción, es un hecho comprobado por la experiencia. Los libros resultarán muy vulgares y en diez años todos serán miserables en tipografía, en papel y en corrección como la "Bibliothèque bleue",[29] medio excelente para arruinar en poco tiempo a tres o cuatro manufacturas importantes. ¿Por qué Fournier[30] habría de seguir fundiendo los más bellos caracteres de Europa cuando ya nadie los emplee? ¿Por qué nuestros habitantes de Limoges deberían trabajar perfeccionando sus papeles cuando sólo se usen los amplios pliegos del *Messager boiteux* [*Mensajero rengo*]?[31] ¿Por qué nuestros impresores seguirían pagando sumas considerables a capataces instruidos, a cajistas calificados y a hábiles obreros de prensa cuando ese esfuerzo no sirva más que para multiplicar sus gastos y acortar sus ganancias? Y lo que es más, ocurrirá que a medida que estas artes

[29] Con el nombre de "Biblioteca azul" se designaba a una serie de colecciones muy económicas, vendidas por buhoneros, que fueron todo un suceso en el noroeste de Francia. Los primeros ejemplares se imprimieron en Troyes, a principios del siglo XVII. El repertorio se ajustaba a los gustos populares e incluía relatos de caballería, opúsculos religiosos, profecías, reglas de urbanidad, almanaques, etcétera.

[30] Se refiere al célebre tipógrafo francés Pierre Simon Fournier (1712-1768), que colaboró con Diderot en la elaboración de varios artículos de la *Encyclopédie* referidos a su especialidad; particularmente en el titulado "Caracteres de imprenta".

[31] Nombre de otra publicación muy económica impresa en Berna que incluía calendarios, efemérides, consejos, noticias y previsiones meteorológicas. El primer ejemplar del *Messager boiteux* se conoció en 1708.

vayan deteriorándose entre nosotros, se elevarán en el extranjero y no tardarán en llegar desde allí las buenas ediciones de nuestros autores. Es una visión falsa, señor, creer que el *bon marché*[32] pueda, sea en el género que sea pero sobre todo en este campo, disculpar el mal trabajo. Esto sólo le ocurre a un pueblo cuando ha caído en la última miseria. Y cuando se llegue a tal degradación, incluso cuando algunos artesanos piensen en publicar bellas ediciones para la gente de gusto, ¿cree usted que podrían hacerlo al mismo precio? Si consiguieran mantener el mismo precio de hoy y de la competencia extranjera, ¿qué recursos podrían reservarse para su progreso? No nos engañemos, señor, es cierto que la competencia excita la imitación, pero en los asuntos de comercio y de interés, cuando existe el estímulo de producir bien, cien veces se trata de hacerlo al menor costo. Dicho impulso no existe más que para aquellos hombres singulares y entusiastas de su profesión, a los que la gloria y la miseria aguardan de manera inexorable.

[32] El "buen precio" era un artículo del dogma fisiocrático que corregía sensiblemente la concepción de que la ley de oferta y demanda vastaba para regular el precio de los bienes de consumo. Para los fisiócratas, el buen precio representaba el único modo de sostener la producción y la prosperidad del país. El límite superior del precio se hallaba naturalmente fijado por la competencia extranjera, tal como lo señala luego Diderot.

Sin contradecir esta cuestión, existe un término medio, difícil de aprehender; creo que nuestros predecesores lo encontraron luego de una búsqueda de muchos siglos. Tratemos de no entrar en un círculo vicioso, regresando sin cesar a los mismos remedios para las mismas dificultades y los mismos inconvenientes. Que se deje hacer al librero, que se deje hacer al autor. El tiempo enseñará al autor, sin que sea necesaria ninguna intervención, el valor de lo que ha creado; bastará con asegurar al librero la adquisición y propiedad del manuscrito, condición sin la cual la producción del autor perdería necesariamente su precio justo.

Y sobre todo, señor, debe usted pensar que de ser necesario un hábil artesano impresor, harían falta siglos para crearlo y apenas un instante para perderlo.

Usted pretende hallar una balanza que obligue al librero a trabajar bien y a considerar su trabajo en un valor justo, pero lo que usted no ve es que esa balanza ya existe con la competencia del extranjero. Desafío a un librero de París a que suba el precio de un en dozavo por encima del excedente de los gastos particulares y de las eventualidades propias de aquel que copia clandestinamente o que envía lejos sus mercaderías. Antes de un mes tendremos una edición hecha en Amsterdam o en provincias de mejor calidad, de mejor precio y sin que usted pueda jamás impedir su entrada.

Que se desestimen, entonces, esas ideas que redundarán en perjuicio de nuestros comerciantes las pocas veces que acometan empresas útiles. Si un librero se encuentra privado de ingresos inmediatos o seguros para afrontar sus necesidades, ¿qué debe hacer?, ¿pedir un préstamo? Hace mucho tiempo que la condición mezquina de los libreros del reino y el descrédito de sus producciones han anunciado que este comercio es muy limitado para que se puedan obtener rentas y beneficios. Si usted desea conocer todo este descrédito, dé una vuelta por la Bolsa o por la calle Saint Merry[33] donde podrá ver que cada ocho días uno de esos comerciantes exige a la justicia consular un plazo de tres meses para un billete de veinte escudos. Si un librero se resolviera a pedir un préstamo: ¿qué cofres se le abrirían? Sobre todo cuando está demostrado, por la inestabilidad de los privilegios y la competencia general, que el fondo editorial que constituye su fortuna es irreal. Del mismo modo, el librero puede verse rápidamente reducido a la mendicidad, ya sea por un acto de la autoridad como por el incendio de sus almacenes. ¿Quién no conoce la incertidumbre de sus emprendimientos?

Un hecho actual sustenta estas reflexiones. Antes de que se anunciara la edición de Corneille en

---

[33] Junto a la iglesia de Saint Merry tenía su sede el Tribunal de Justicia Consular.

Ginebra,[34] ese autor y su privilegio se vendían en
la Cámara Sindical a 50 soles o 3 libras el volumen. Después de que las suscripciones de la edición de Ginebra fueran distribuidas ante la mirada de los libreros –a pesar de sus apelaciones, a
pesar de que el privilegio había expirado y su renovación se había denegado– el precio del mismo volumen bajó en dos ventas consecutivas a
12 soles, y en una tercera venta del mes de septiembre de 1763 cayó a 6; no obstante lo cual,
los almacenes de los libreros asociados a *Corneille*
rebosan hoy de dos ediciones: en grande y en
pequeño en dozavo.

Es cierto que jamás se podrá impedir que ce-
sen las imitaciones de nuestros autores en el extranjero; también es cierto que debemos desear
que en los próximos treinta años, el señor Voltaire
nos siga brindando las ediciones de sus obras y
de sus comentarios sobre otros autores, en cualquier rincón del mundo donde se encuentre. Es
cierto, también, que alabo a la justicia por decidir a favor de los descendientes del gran Corneille
como lo hizo con los descendientes del inimita-

---

[34] Voltaire pretendía editar las tragedias de Pierre
Corneille en Ginebra mediante suscripciones. Su proyecto
intentaba beneficiar a Marie Françoise Corneille, su protegida, a quien había casado a principios de 1763. Hacia fines
de ese mismo año, la edición se encontraba terminada, las
suscripciones distribuidas pero los volúmenes no se habían
despachado.

ble La Fontaine. Pero, de ser posible, que esto suceda sin expoliar a nadie y sin perjudicar al bien común, ¿en qué ocasiones y a expensas de quién se deben otorgar al extranjero unas suscripciones que sólo con sosiego se deberían conceder a los ciudadanos de este reino? No puedo callarme sobre este asunto… Ninguna persona resultará expoliada si se le concede una pensión a la señorita Corneille, pues será como si el Estado comprara los campos y las casas del señor La Fontaine a sus actuales propietarios para alojar allí a quienes llevan ese ilustre nombre; así mismo, podría protegerse el bien general cerrando las puertas a las ediciones de Ginebra y dejando a los propietarios de las obras de Corneille la libertad de publicar las notas del señor Voltaire.

¿Por qué, señor, esas ediciones tan sospechosas han devenido tan comunes? Porque el librero es pobre, sus inversiones iniciales son considerables y sus emprendimientos son arriesgados. Al proponer un descuento, el librero puede asegurarse algún dinero al contado y evadir la ruina. Pero incluso si fuera lo bastante rico para acometer y terminar una gran empresa sin la seguridad de las entradas diarias, ¿usted cree que se arriesgaría a realizar trabajos de gran importancia? Si fracasa, al librero siempre le queda su privilegio o la propiedad de una obra mediocre; si conoce el éxito, el provecho de su operación expirará a los seis años. Por favor, señor, dígame, ¿qué relación existe entre su esperanza y sus riesgos? ¿Usted quiere conocer con exactitud el valor de su apuesta? La suerte es igual al número de libros que perduran, restados los libros que se extinguen, y no puede disminuirse ni acrecentarse; es un juego de azar; salvo los casos en que la reputación del autor, la singularidad de la obra, la osadía, la novedad, la prevención o la curiosidad aseguran al comerciante por lo menos la recuperación de su inversión.

Un error que veo cometer sin cesar a quienes se dejan llevar por las máximas generales es el de aplicar a la edición de un libro los principios de la manufactura de telas. Estas personas razonan como si el librero pudiera fabricar según la proporción de sus ventas y no tuviera que enfrentar más riegos que las extravagancias del gusto y los caprichos de la moda; olvidan o ignoran que es imposible vender una obra a un precio razonable sin imprimir de ésta un cierto número. Lo que queda de una tela anticuada en los almacenes de una sedería tiene algún valor; el que queda de una mala obra en los almacenes de una librería es nulo. Debemos añadir que, si hiciéramos cuentas, de cada diez emprendimientos sólo hay uno, y aún esto es mucho, que da resultados, sólo cuatro cubren los gastos a la larga, y los cinco que restan ocasionan pérdidas.

Yo siempre apelo a los hechos. Usted no tiene mas fe que yo en la palabra del comerciante misterioso y falaz, en tanto que los hechos no mienten.

¿Qué fondo editorial fue más amplio y más rico que el que poseía el difunto Durand? Ese fondo llegó a tasarse en unos novecientos mil francos; de entrada deben descontarse cuatrocientos cincuenta mil en concepto de libros vendidos a precio de papel. Es dudoso que a su viuda y a sus hijos les quede alguna cosa luego de que la sucesión se liquide con el reembolso a los acreedores.

Yo sé que una proporción del precio de la duración del privilegio se debe a la naturaleza de la obra, a la inversión del comerciante, al riesgo del emprendimiento, a su importancia y a la duración estimada del consumo. Pero, ¿quién puede hacer un cálculo preciso ante tantos elementos variables? Además, ¿cuántos almacenes no seguirían llenos tras la expiración del privilegio?

Una consideración que merece ser meditada de manera especial es el caso de las obras que fueron abandonadas a la competencia general. Si el honor es la porción más preciosa de los emolumentos del autor; las ediciones múltiples, la marca más infalible de su éxito; el éxito, el signo más seguro del gusto y de la aprobación pública; si nada es tan fácil como encontrar un autor vanidoso y un comerciante ávido, deberíamos preguntarnos: ¿qué multitud de ediciones no se publicarían imitándose unas a otras, sobre todo si la obra adquiriera algún éxito; ediciones por las cuales todas las precedentes serían sacrificadas a la última debido a una añadidura ligera, un pasaje irónico, una frase ambigua, un pensamiento osado, una nota singular? En consecuencia, ahí tenemos a tres o cuatro comerciantes hundidos e inmolados a causa de un quinto que quizá no llegue a enriquecerse o que se enriquecerá a expensas de nosotros, los pobres literatos. Y usted bien sabe, señor, que esto que digo no es infundado.

A partir de esto, ¿qué puede suceder? Pues que la parte más sensata de los libreros dejará a los locos acometer los grandes proyectos; que los bienes de los privilegios que todos pretendían obtener en abundancia serán más inciertos que los de la banca; que el comerciante se sentirá satisfecho si consigue proveer a su tienda o a su almacén de toda suerte de originales y copias de la capital o de provincia, del reino o del extranjero; y sucederá que sólo se imprimirá del mismo modo en que se construye, es decir en última instancia, dado que los libreros estarán convencidos de que cuanto más manuscritos compren, más habrán adquirido para otros, menos para sí mismos y menos tendrán para dejar a sus hijos.

En efecto ¿no sería una verdadera extravagancia asumir los primeros riesgos? ¿No sería más sensato demorarse al acecho del éxito, sobre todo teniendo la certeza de que el librero emprendedor no se arriesgará a una edición numerosa? Si bastaría con seguirle de cerca para lograr un beneficio decente, sin exponerse a ninguna pérdida. En ciertas circunstancias, a los comerciantes se les escapan determinadas palabras que descubren la particularidad de sus espíritus; yo suelo retenerlas voluntariamente. Que alguien vaya a proponerle a un librero una obra de buena mano y de pocos compradores. ¿Quiere saber qué diría? "Sí, sí, las inversiones serán fuertes y las rentas difíciles, pero es un buen libro para el fondo editorial, con dos o tres obras como éstas se puede establecer a un hijo". ¡No vayamos a quitarle su propiedad y la dote de su hija!

Los fabricantes sin fondos nunca sacarán provecho de sus fábricas, y los libreros sin privilegios serán fabricantes sin fondos editoriales. Digo "sin privilegios" porque estas palabras, señor, ya no deben sonar mal a sus oídos.

Si usted prefiere una comunidad donde la mediocridad constante de todos sus miembros vuelva imposible una gran empresa, donde la riqueza sea inequitativamente distribuida, debe dejar que entren sin distinción las obras en un acervo común; yo consiento, pero atienda usted a este primer inconveniente y también a otros: más crédito entre ellos; más descuentos en provincias; afluencia de ediciones extranjeras; jamás una buena edición; fundición de malos caracteres tipográficos; hundimiento de las fábricas de papel e imprentas reducidas a fabricar memorias, folletos y toda clase de papeles volantes que nacen y mueren en el día. Considere si eso es lo que usted desea. Por mí parte, señor, confieso que este cuadro sobre la Librería me agrada menos que aquel otro que le he descrito acerca del comercio en los tiempos posteriores a la reglamentación de 1665. Lo que me aflige es que, una vez consumado, el mal quedará sin remedio.

Pero antes de ir mas lejos, pues aún me restan algunas cosas serias que decirle, voy a prevenirlo contra un posible sofisma propio de las personas sistemáticas. Consiste en que, al conocer sólo superficialmente la naturaleza de los diferentes e infinitos rubros del comercio, no dejarán de observar que la mayor parte de las razones que yo aporto a favor de la Librería podrían emplearse con la misma fuerza para todos aquellos que tengan exclusividades que defender. Como si todas las exclusividades fueran del mismo tipo, como si todas las circunstancias fueran las mismas; como si las circunstancias pudieran diferir sin que en el fondo nada cambiara y como si en las cuestiones políticas no sucediera un motivo aparentemente decisivo ni realmente sólido salvo en algunos casos o incluso en ninguno. Exija entonces, señor, que esto se discuta, que no se englobe vagamente en una sola decisión a asuntos de especies tan diferentes. No es cuestión de decir: "Todas las exclusividades son malas". Debe tratar de demostrarse que no es la propiedad la que constituye la exclusividad del librero y que aun cuando esa exclusividad estuviera fundada en una adquisición real, bajo un derecho común a todas las adquisiciones del mundo, transgrede el interés general y, por lo tanto, debe ser abolida a pesar de la propiedad. Éste es el punto central de la dificultad. Debemos preguntarnos, ¿qué ganaremos con las transferencias arbitrarias de bienes de un librero a otro? Exija que se le demuestre claramente la importancia por la que es preferible que tal o cual comerciante imprima o venda un libro. Nada me agradaría más que comprobar que es a nosotros, los escritores, a quienes se favorece. Pero mientras tanto, lo que se presenta ante mí es que el poseedor actual de una obra considera el disfrute de su bien como momentáneo; en consecuencia, mira por sí mismo y cierra sus ojos a lo que nos atañe, dado que parece imposible que su interés y el nuestro sean el mismo. Si no fuera así, las cosas estarían mejor y nada habría que cambiar.

¿Me permite, señor, que exponga las ideas de algunas personas que usted llamará soñadores, malvados, extravagantes, sin espíritu, o como desee? Se trata de personas que no ven en esas innovaciones nada que tienda directa o indirectamente al bien general y suponen la existencia de algún motivo oculto de interés personal. Por decirlo en pocas palabras: el proyecto de apropiarse algún día de todos los fondos de librería. Como el proyecto, afirman, es de una atrocidad escandalosa que nadie se atreve a consumar de golpe, se está intentando acostumbrar al comerciante y al público, por medio de acciones teñidas del sentimiento más noble y más generoso, a honrar la memoria de nuestros autores ilustres favoreciendo a su desdichada posteridad. "Miren –dicen aún, ya que siempre son ellos quienes hablan–, miren cómo a un costado de ese pretexto honesto, se encuentran las razones de autoridad o de otra índole que no dejarán de hacerse valer por sí solas cuando se crea que ya no hay miramientos que guardar." Ideas tan siniestras no prenderán nunca en quienes, como yo, conocen la justicia, el desinterés, la nobleza de alma de nuestros superiores que llevan a cabo sus funciones con todo respeto. Pero, señor, ¿quién nos responderá por sus sucesores? Si ellos encontraran las cosas preparadas de antemano para comenzar una invasión, ¿qué seguridad podríamos tener de que no se atreverían a realizarla? ¿Cree usted que el comerciante que trabaja en su tiempo sería un insensato si se preocupara sobre su futuro?

Hay otros que imaginan que el plan consiste en la expiración sucesiva de los privilegios; en exigir como condición a sus renovaciones la reimpresión de ciertas obras importantes que faltan hoy y faltarán durante mucho tiempo, dado que las inversiones considerables y previas que el comerciante no está en condiciones de asumir, sumadas a la lentitud de los ingresos que no puede esperar, inducen a abandonar tales emprendimientos. Esta especie de imposición es la que el soberano suele establecer sobre todos los demás

bienes de sus súbditos cuando se producen necesidades urgentes de Estado. Yo no intentaría dis-
cutirla, existen numerosos ejemplos; pero esas
necesidades no pueden autorizar jamás la transferencia de las propiedades. Si alguna vez tal imposición sirviera de pretexto para la iniquidad, un
magistrado prudente renunciaría. Existe también
una cuestión a la que se debe prestar particular
atención, consiste en aligerar todo cuanto sea
posible dicha imposición y reintegrarla escrupulosamente al valor del privilegio renovable. De
todas maneras, señor, podrá ver que tarde o temprano esto se convertirá en germen de las más
inusitadas vejaciones. Yo preferiría que tales imposiciones recayeran antes en las concesiones de
puro favor, tales como los permisos tácitos, las
imitaciones hechas en el extranjero y demás objetos de esta especie.

Muchos hacen conjeturas acerca de la intención
de transformar todos los privilegios en permisos
puros y simples, sin ninguna cláusula de exclusión;
de modo que, acordados en un mismo tiempo y
conseguidos varios a la vez, se agilice su ejecución,
compitiendo en las ventas y estimulando las ediciones más bellas al más bajo precio posible.

Pero en primer lugar, esto implica tratar al privilegio del librero como una gracia libre de ser
acordada o rehusada, y luego, olvidar que no es
sino la garantía de una verdadera propiedad la que
no se podría tocar sin cometer injusticia. ¿Cual

sería el resultado de esta injusticia? Usted mismo debería juzgarlo, pues siempre que es posible lo remito a los hechos; tal es mi método y creo que usted lo aprueba.

Los autores clásicos, señor, serán precisamente quienes se encontrarán en el mismo caso que todos los demás libros si hubiera propósito de reducción. Para esas obras no existe otro tipo de permiso. La competencia libre y general se ha perpetuado incluso después de los edictos de 1649 y 1665, que concedían privilegios exclusivos y el objeto de un sólido fondo editorial a cada beneficiario. Y entonces, señor, ¿qué consecuencias trajo la emulación entre los comerciantes? ¿Qué ventajas obtuvo el público con esos permisos y esa libre competencia? Entre los comerciantes, como predije, suscitó la emulación de la economía; es decir, la mano de obra más negligente, el papel de peor calidad y unos caracteres tipográficos que luego de una impresión miserable sólo sirvieron para ser devueltos a la fundición. Para el público, el resultado consistió en adquirir el hábito de poner en manos de nuestros niños unas obras que los fatigan dadas sus espinas y su imbecilidad, sin añadir los vicios tipográficos que irrumpen a cada línea. Es de lamentar que habitualmente reprendamos a nuestros pobres niños inocentes por sus faltas, cuando deberíamos imputárselas al impresor o al editor. Pero, ¿qué debemos decir contra éstos cuando el desprecio por la juventud, que se evidencia hasta en las cosas más pequeñas, se contenta con maestros pagados a 100 escudos y con libros de 4 soles? Sin embargo, aumentando el desembolso a un par de luises más, repartidos en intervalos de siete a ocho años de estudio, los jóvenes dispondrían de libros bien presentados y confeccionados con cuidado, y el magistrado estaría autorizado a enviar a destruir todas aquellas ediciones que son áridas para elevar a los alumnos y resultan deshonrosas para el arte. ¡Cuántos lacayos decorados con galones dorados y cuántos niños sin zapatos y sin libros vemos hoy! Nuestros vecinos del otro lado del canal de la Mancha lo entienden un poco mejor. Yo he visto autores clásicos utilizarse en los cursos de los colegios de Londres, de Cambridge y de Oxford; le puedo asegurar que las ediciones con que nuestros sabios se contentan no son, comparadas con aquellas, ni más bellas ni más exactas.

No ignoro que algunos impresores de nuestro tiempo han invertido sumas considerables en la edición de autores antiguos; pero también sé que muchos se han arruinado. Sólo nos queda por ver cómo sus imitadores, felices o temerarios, saldarán sus deudas.

Concedo, a pesar de la experiencia obtenida sobre los libros clásicos y la multitud de libros piratas, que el efecto de la competencia pueda suplir al de la propiedad y que se obtenga tanto o

más del permiso libre y general que del privilegio
exclusivo. Pero, ¿cuál será el resultado? Apenas
un poco más que el beneficio de una quinta parte. ¿Sobre cuáles obras? ¿Acaso sobre el *Coutumier
général*?[35] ¿Sobre el *Journal des audiences* [*Diario
de audiencias*] o sobre el *Pères de l'Église* [*Padres
de la Iglesia*]? ¿Sobre las memorias de las acade-
mias o sobre los grandes tomos de historia? ¿Sobre los emprendimientos que demandan inversiones de cien mil francos, de cincuenta mil escudos, sobre ediciones que no llegan a agotarse salvo
en un lapso de cuarenta o cincuenta años? Señor,
usted ve que sería una locura esperar algo semejante. No serán las obras de 10 libras las que dis-
minuyan debido al permiso libre y general. La
competencia y sus efectos no incidirán más que
en los pequeños autores; es decir que el comerciante pobre se verá forzado a sacrificar su provecho diario en pos de la rapidez de la venta y así
aumentará su pobreza; mientras que el librero acomodado, ocupado en las rentas regulares que le
proporcionan los géneros mediocres y no las obras
de calidad, dejará de publicar estas últimas, que
en adelante serán cada vez más raras y valoradas.
En definitiva, para ahorrar 5 soles gastaremos una

---

[35] Los *Coutumier*, *Coutume* o *Usatges* eran extensas anto-
logías legales que compilaban decretos, fallos judiciales, ordenanzas, etc. de una determinada región o o lugar. Los
primeros *Coutumier* datan del siglo XII.

libra. Y ahora, señor, nuevamente algunos hechos que apoyan mi razonamiento.

La última edición de la *Coutume de Normandie* de Basnage,[36] que pertenece a la Librería de Rouen, se hizo en 1709, y no se encuentra desde hace treinta años. Son dos pequeños volúmenes en folio muy breves, cuyo primer precio era a lo sumo de 40 libras, y que en la actualidad se paga entre 80 y 90.

La *Coutume de Bourgogne* del presidente Bouhier,[37] cuya edición se está agotando y su precio aumentando porque es sabido que el librero Dijon no la reimprimirá, se vendía originalmente a 48 libras, mientras que ahora se cotiza entre 54 y 60 en las ventas públicas.

La *Jurisprudence* [*Jurisprudencia*] de Ducase,[38] volumen en cuarto que el librero de Toulouse ha dejado que se agotara, costaba sólo 9 libras cuando se publicó, mientras que ahora se paga a 15 o 16.

Ya no es posible adquirir la *Coutume de Senlis*, volumen en cuarto a menos de 16 o 18 libras.

La Librería de París, que pese a la dificultad de mantenerse dentro de las leyes que la soste-

[36] *Las costumbres de Normandía* de Henry Basnage (1615-1695) se publicó originalmente en 1681.

[37] *Las costumbres de Borgoña* de Jean Bouhier (1673-1746) se publicó en 1742.

[38] Se refiere probablemente a la *Practique de la jurisdiction ecclesiastique contentieuse* [*Práctica de la jurisdicción eclesiástica contenciosa*], de François Ducase (1632-1706), publicada por primera vez en 1697.

nían, no ha dejado de abastecerse con los libros
necesarios, ha sacado de sus prensas más de veinte volúmenes en folio sólo de jurisprudencia; así
mismo preparaba, luego de diez años, una edición nueva de las *Ordonnances de Néron* [*Ordenanzas de Nerón*] en cuatro volúmenes en folio.
El acopio de los materiales necesarios costó más
de 10 mil francos. A pesar de dicha inversión, el
decreto del Consejo en favor de las señoritas La
Fontaine ha desanimado por completo al librero; como resultado, ha abandonado un trabajo
cuya preparación implicó grandes desembolsos y
cuyo beneficio sería aprovechado por otros, si no
se creyera en el derecho de disponer de un privilegio y no tuviera más obras de propiedad asegu-
rada. Las *Ordonnances*, que no forman actualmen-
te más que dos volúmenes en folio, valían 60 francos antes de proyectarse la nueva edición; sin
embargo, no parece que el prudente abandono
de tal proyecto propicie una reducción de precio.

Es ésta, señor, la suerte que aguarda a todas las
grandes obras a medida que vayan agotándose. Si
sólo he citado aquellas que están destinadas a ser
usadas en Francia es porque en el extranjero no se
reimprimen, aunque desde allí no dejarán que nos
falten libros costosos, y porque a pesar de que el
mal sea general, es sobre todo en las cosas que nos
son propias donde más se hace sentir.

Un proyecto sólido es aquel que asegura a la
sociedad y a los individuos una ventaja real y du-

rable; un proyecto especial, sólo en apariencia, es aquel que no garantiza a la sociedad ni a los particulares más que unas ventas momentáneas, y el magistrado imprudente es aquel que no percibe las consecuencias negativas de esto último y que se deja engañar seducido por el precio bajo de los artículos manufacturados, alivio transitorio del comprador pero ruina del fabricante y del Estado.

No obstante, dejemos por un momento el comercio del librero y sus asuntos y volvamos la mirada hacia nuestros intereses. Consideremos al bien general bajo otro punto de vista; veamos cuál sería el efecto de la abolición de los privilegios, de los traspasos arbitrarios o de los permisos libres sobre la condición de los literatos y de las letras.

Entre las diferentes causas que han concurrido a librarnos de la barbarie, no se puede olvidar la invención del arte tipográfico. Desanimar, abatir, envilecer este arte es actuar a favor de la regresión, es hacer alianza con una multitud de enemigos del conocimiento humano.

La propagación y los progresos de las luces también deben mucho a la constante protección de los soberanos que puede manifiestarse de cien maneras diversas, entre las cuales me parece que no pueden olvidarse, sin demostrar prejuicio o ingratitud, los prudentes reglamentos que se instituyeron para el comercio de libros a medida que las circunstancias odiosas que impedían su funcionamiento los fueron exigiendo.

No hace falta una mirada demasiado aguda, penetrante o atenta, para discernir entre estos reglamentos que conciernen a los privilegios de librería, aquellos que han venido progresivamente a ser la salvaguardia legal del legítimo propietario y que lo han amparado contra la avidez de los usurpadores, siempre dispuestos a arrancarle el valor de su adquisición, el fruto de su industria, la recompensa de su coraje, de su inteligencia y de su trabajo.

Pero la bondad y la munificencia prodigadas por un príncipe amigo de las letras nunca podrán extenderse más que a los talentos conocidos. Además, ¿cuántos proyectos afortunados o aciagos se desconocen antes de salir de la oscuridad y de haber adquirido una celebridad capaz de atraer las miradas y las recompensas de los soberanos? Insisto una vez más, señor, siempre es necesario considerar las cosas en su origen, porque la suerte común de los hombres es no ser nada antes de ser algo; y hasta sería deseable que el honor y la fortuna marcharan al mismo paso que los progresos del mérito y de los servicios, por más que el principio de la carrera ocupe los tiempos importantes y difíciles de la vida.

Un hombre no reconoce su genio hasta que lo ensaya: el aguilucho tiembla como la joven paloma la primera vez que despliega sus alas y se confía a volar. Un autor termina su primera obra sin conocer, al igual que el librero, su valor. Si el librero

nos paga como él cree, entonces nosotros le vende-
mos lo que nos place. Es el éxito el que instruye al
comerciante y al literato. O el autor se asocia con el
comerciante, y en ese caso resulta un mal negocio
ya que presupone demasiada confianza de uno y
demasiada probidad del otro; o bien el literato cede
definitivamente la propiedad de su trabajo a un
precio no demasiado alto, dado que dicho precio
se fija y debe fijarse sobre la base de la incertidumbre del resultado. No obstante, hay que ponerse,
como yo lo he estado, en su lugar; en el lugar de
un hombre joven que recibe por primera vez un
módico tributo por algunas jornadas de medita-
ción. La alegría y el beneplácito que el hecho le
produce son imposibles de comprender. Si vienen
a añadirse algunos aplausos del público, si algunos
días después de su debut encuentra que su librero
lo trata de manera cortés, honesta, afable, afectuo-
sa, con la mirada serena, cuán satisfecho se encontrará. Desde ese momento su talento cambia de
precio y, no sabría disimularlo, el valor comercial
de su segunda producción aumenta sin estar en
relación directa con la disminución de los riesgos.
Al parecer, el librero, deseoso de conservar al autor, pasa a calcular con otros elementos. Tras el
tercer éxito, todo termina; el autor quizá puede
hacer un mal trato, pero lo hace más o menos a su
guisa. Hay hombres de letras cuyo trabajo les ha
reportado 10, 20, 30, 80, 100 mil francos. Yo, que
disfruto de una consideración común y que no

tengo demasiada edad, creo que el fruto de mis ocupaciones literarias está cerca de los 40 mil escudos; no es para enriquecerse, pero permitiría vivir con cierta tranquilidad siempre que esa suma no estuviera repartida en un gran número de años, si no se hubiera disipado a medida que se la percibía y no hubiera desaparecido cuando, con la edad, las necesidades crecen, los ojos se apagan y el espíritu se debilita. Sin embargo, esto es un gran estímulo; además, ¿qué monarca no es lo suficientemente rico para suplir tales carencias con sus liberalidades?

De todos modos, esos tratos sólo significan ventajas para el autor en virtud de las leyes que aseguran al comerciante la posesión tranquila y permanente de las obras que adquiere. Si esas leyes resultan abolidas, entonces la propiedad del que compra será incierta, y esa restricción mal entendida recaerá en parte sobre el autor. ¿Qué partido sacaría yo de mi obra si mi reputación, tal como yo supongo, no es sólida; si el librero creyera que un competidor, sin correr el riesgo de la apuesta por mi talento, sin arriesgarse a las inversiones de una primera edición, sin pagarme ningún honorario, se aprovechara incesantemente al cabo de seis años, o antes si se atreve a hacerlo, de su adquisición?

En la actualidad, las producciones del espíritu dan tan magros rendimientos que si rindieran aún menos, ¿quién desearía pensar? Sólo aquellos a los que la naturaleza condenó por un instinto irreductible a luchar contra la miseria. Pero, ¿ha crecido ese número de entusiastas dichosos de tener durante el día pan y agua y por la noche una llama que los alumbre? ¿Acaso el Ministerio debe reducirlos a esa suerte? Y si esa fuera su resolución, ¿habría pensadores? Y si no hubiese pensadores, ¿qué diferencia habría entre el Ministerio y un pastor que pasea sus bestias?

Hay pocos países en Europa donde las letras sean tan enaltecidas y recompensadas como en Francia. El número de lugares destinados a la gente de letras es muy grande. Deberíamos sentirnos felices si fuera el mérito lo que hace sitio. Pero yo diría, sin querer ser satírico, que hay lugares donde se exige más escrupulosamente un traje de terciopelo que un buen libro. Las producciones literarias han sido distinguidas por los legisladores del resto de las posesiones; la ley ha pensado en asegurar el beneficio del autor; el decreto del 21 de marzo de 1749 declara esas posesiones "no embargables". Pues bien, ¿en qué quedará esa prerrogativa si prevalecen las nuevas opiniones? Una persona puede enajenar a perpetuidad una finca, una casa o un campo y privar a sus herederos sin que la autoridad pública le pida cuentas de su conducta; sacar para sí todo el valor y aplicarlo como mejor le plazca. ¿Acaso un literato no habría de tener el mismo derecho? Supongamos que éste apele a la protección del soberano para mantener la legítima posesión de su bien; el rey, que no se la rehusa ni al más humilde de sus súbditos en tanto no perjudique a ninguna persona, ¿debería limitarla a cierto plazo? Y una vez expirado el término, aquella obra por la que ha invertido sus bienes, su salud y su vida logrando incluirla entre el número de los monumentos de la nación, ¿debe escapar de sus manos para convertirse en un bien común? ¿Quién accederá a languidecer en la indigencia durante los años más bellos de su vida a fin de perderlos entre los libros y alcanzar tal condición? Si el genio ha perdido el honor y la libertad, dejemos el gabinete, amigos míos, rompamos la pluma y tomemos los instrumentos de las artes mecánicas.

Aquí la injusticia corre pareja con lo absurdo de manera tal que, de no estar dirigiéndome a un hombre al que hostigan sin tregua, que no ignora los proyectos que se han llevado a cabo, que recibe demandas tanto de la ciudad como de provincias, yo dejaría de tratar estos asuntos. Los demás creerán seguramente que invento fantasmas por el placer de combatirlos.

"Pero, dirá usted, una vez que se ha enajenado su obra, ¿qué le importa a usted que el Ministerio tome conocimiento de sus intereses negligentes y lo vengue de un trato desventajoso que ha firmado sometiéndose a la avidez de un comerciante que lo ha sorprendido?" Si yo he aceptado un mal trato, es asunto mío. Nada me obligaba a firmar el contrato. He sufrido la suerte común, y si mi suerte resulta adversa, ¿acaso espera mejorarla privándome del derecho a enajenar y anulando el acta de mi cesión al apartarlo de las manos del comprador? ¿Pretende que ese hombre no conceda ningún valor a su propiedad? Y si le ha añadido algún valor, ¿acaso no disminuirán proporcionalmente mis honorarios? No sé lo qué pretende. Por más que hable sin cesar sobre su pretendido amor por las letras, terminará hiriéndolas.

Gracias a la indulgencia de su administración, a sus recompensas y honores, ha atraído por distintos caminos a las letras, que la intolerancia y la persecución habían dispersado. Sin embargo, es de temer que las vaya a extraviar por segunda vez. Su enemigo, señor, ruega porque el espíritu del vértigo se apodere de usted, ruega porque ese mismo vértigo lo obligue a actuar con una barra de hierro y porque las múltiples imprudencias que usted pueda cometer lo acerque a él a un reducido número de hombres de letras cuya amistad le envidia. Ellos se acercarán, se lo advierto; se lo avisan con más fuerza que yo las proposiciones ventajosas que su enemigo formula y que esos hombres de letras tienen aún el valor de rechazar. Porque los toros tienen cuernos y a veces acometen con furor, ¿serían tan expeditivos y tan brutos para no poder dirigir más que una yunta de bueyes? Usted carece de sentido. No sabe lo que desea.

Todavía aduce que la perpetuidad del privilegio deja al comerciante dueño absoluto del pre-

cio de su libro, y que no se abstendrá de abusar
de esa ventaja. Si un comerciante ignorara que su
interés real consiste en la venta rápida y en los
ingresos inmediatos, se trataría del más imbécil
de los comerciantes. Se pueden proteger los privilegios tanto como se desee; sumar castigos infa-
mantes a las penas pecuniarias establecidas en los
reglamentos, se pueden erigir patíbulos; sin embargo, la avidez de los imitadores lo desafiará todo.
Ya lo dije, y antes que yo lo hizo la experiencia,
pero nada parece servir de enseñanza. Desafío a
cualquier librero a vender una obra a un precio
que compense el riesgo de las ediciones piratas y
la competencia del extranjero sin que, a pesar de
toda la vigilancia sustentada en la autoridad del
magistrado, aparezcan tres o cuatro imitaciones
en el término de un año. Le recuerdo que aquí
no se trata de obras corrientes que demandan sólo
un poco de trabajo.

Yo podría proponerle al magistrado a quien
es de rigor presentarle el primer ejemplar de un
libro nuevo, que él mismo fijara el precio; pero
para que esta fijación resulte equitativa es necesario contar con unos conocimientos detallados que
él no puede tener ni adquirir; sería casi más seguro y tardaría menos si se remitiera al espíritu del
comercio. Añadiré, quizá, que, dentro de sus distintas clases, los libros de más alto precio no son
los de los privilegiados; pero no deseo indisponer
a ninguna persona.

Otra cosa que suele decirse: "Cuando un librero ha obtenido un lucro decente de una obra, ¿no es justo que pase a otro? ¿Por qué no ha de gratificarse a aquel que lo merece en virtud de algún trabajo importante que haya emprendido?".

En verdad yo no sé por qué me dedico a responder seriamente estas cuestiones que sólo pueden ser sugeridas por la estupidez más profunda o por la injusticia más irritante. Pero si las cosas no fueran así, aquí va una enumeración de aquello que debemos tener en cuenta.

1°. La impresión y el comercio de libros no son actividades de primera necesidad a las que deban dedicarse demasiados hombres. Si cuatrocientos libreros son suficientes en Francia, estaría mal empeñarse en que hubieran ochocientos. Luis XIV mantuvo cerrada la puerta de esta comunidad durante veinte años y fijó el número de impresores. El monarca actual, según esas mismas miras, interrumpió el aprendizaje del oficio durante otros treinta años.[39] ¿Qué razón habría para aban-

---

[39] A mediados del siglo XVI el acceso a la profesión fue libre. La primera restricción data de 1571, cuando un edicto impuso el aprendizaje a quienes pretendían devenir *maîtres*. Fueron estos maestros impresores y libreros de París quienes a comienzos del siglo XVII reclamaron el derecho a establecerse como comunidad para limitar la competencia. En los últimos veinte años del siglo XVII, numerosos edictos acotaron el número de libreros impresores en diferentes ciudades y un

donar estas normas? Que se dejen las cosas tal como están y que no se despoje a quienes invirtieron sus fondos en este comercio imponiéndoles asociados. Y si no, que queden abolidas todas las corporaciones a la vez; cada uno es libre de aplicar sus talentos y sus industrias como le son dados por la naturaleza y el interés. Sólo atengámonos a las necesidades de la sociedad, que sabrá bien y sin que ninguna persona tenga que involucrarse, cuál es la profesión a la que deben sumarse o restarse brazos; doy mi conformidad en ello, me parece conveniente para mí y para todos los que han sido iluminados con la más mínima chispa de las luces presentes y futuras. Pero por desgracia existen condiciones preliminares para que esto suceda; y si no me equivoco volveré a tener ocasión de decir algunas palabras respecto de la multitud de intrusos que disfrutan de una protección sobre la cual nadie reflexiona.

2°. Incluso cuando un librero hubiera percibido, no digo un lucro decente sino un provecho enorme del trabajo que emprendió, ¿cuál sería la razón para despojarle de ese beneficio? Causa risa. Es precisamente como si un ciudadano que no tuviera casa solicitara la de su vecino porque con-

---

decreto del Consejo fechado en 1704 continuó con las medidas restrictivas. Pero dicho decreto no incluía a los libreros que no eran impresores, por lo que durante todo el siglo XVII se produjo un incremento de comerciantes autorizados.

sidera que éste ya se encuentra demasiado enriquecido con esa propiedad.

3°. Para evaluar las utilidades de un comerciante respecto de una empresa que ha de sucederle, ¿no habría que tener en cuenta las pérdidas que sufrió en otras diez empresas que le fallaron? Pero, ¿cómo distinguir estos dos términos que se compensan uno con el otro? Esto se ve, señor, por la fortuna de los particulares. Es el único dato que es suficiente por sí solo. Ahora bien, lo digo, lo repito, y nadie vendrá a contradecirme por más que esto atente contra su crédito: la comunidad de libreros es la más miserable y la más denigrada; casi todos son unos pordioseros. Que me citen a 12 de los 360 existentes que tengan dos trajes y yo me encargo de demostrar que hay cuatro de esa docena cuya riqueza no tiene ninguna relación con los privilegios.

4°. Si usted cree, señor, que esos privilegios tan codiciados son propiedad de un solo librero, desengáñese; apenas debe haber alguno de cierto valor que no pertenezca a 20 o 25 personas; y debe verse con qué miserias se enfrentan cuando tienen que obtener de cada asociado la cuota de gasto proporcional en los casos de reimpresión. Algunos, incapaces de proveer su parte, abandonan sus intereses a los demás, tanto antes como después de la reimpresión. Un caso conocido, señor, es el de la compañía de asociados para publicar a Racine en cuarto; luego de diez años, la compañía no ha podido liquidar los gastos del impresor. ¡Y sin embargo estoy hablando de Racine, sí, señor, de Racine! No transcurre siquiera un año sin que se venda alguna de sus partes en la Cámara. Que los promotores de las nuevas ideas vayan allí, que se hagan adjudicatarios y que las posean sin rapiña y sin vergüenza; se trata de un bien que no debería poder arrancarse a los propietarios más que por la fuerza y del que no serían despojados sin dolor.

Pero, sobre todo, que no me hablen de la gratificación de un ciudadano que resulta beneficiado cuando se despoja a otro. Es profanar el lenguaje de la humanidad y de la beneficencia para ponerlo en los labios de la violencia y de la injusticia. Yo apelo a todos los hombres de bien: si han tenido el honor de merecer esta nación, ¿tolerarían que sus servicios se reconocieran de manera tan atroz?

No puedo dejar aquí de dirigir la palabra a las señoritas La Fontaine y hacerles una predicción que no tardarán demasiado tiempo en verificar. Sin dudas, ellas imaginaron, dado el mérito de la obra de su abuelo, que el Ministerio las gratificaba con una dádiva importante. Yo les anuncio que a pesar de toda la protección posible padecerán ediciones piratas en cien lugares; que a menos que superen al fabricante del reino o del extranjero con una edición maravillosa y, en consecuencia, de gran precio y de venta muy limitada, sólo podrán atraer al hombre amante del dibujo o al literato curioso; que el librero de París y el de provincias se proveerán de las imitaciones, aunque más no sea por resentimiento; que aquel bien precioso se depreciará finalmente entre sus manos; que tratarán de deshacerse del bien heredado y que nadie lo querrá mas que a precio vil, porque ya nadie contará con esa cesión ni con la del abuelo; y sin embargo, dado que hay canallas en cualquier gremio, y no faltan en el de la Librería, siempre habrá alguna persona sin honor y sin fortuna que decida comprarles su adquisición. Ese hombre odiado y perdido nunca llegará a disfrutar de manera tranquila y lucrativa de su posesión.

"Sin embargo, me dirá usted, a pesar de su afirmación existen obras importantes que se han agotado y que son necesarias; ¿cómo conseguiremos las reimpresiones?"

¿Cómo? No vacilo en decírselo: consolidando los privilegios inestables y manteniendo las leyes de dicha propiedad. Se debe perseguir severamente a los imitadores, y una vez dentro de las cavernas de esos ladrones clandestinos es necesario actuar con severidad. Dado que se obtienen considerables subsidios de las corporaciones, y que no se dispone de la fuerza ni de los medios para eliminarlas; dado que la justicia es suficiente para saber que las corporaciones no deben quedar abrumadas en deudas contraídas por los mismos apremios

que la justicia ha establecido; dado que no se está
en condiciones de pagar tales deudas, pues se siguen vendiendo favores perniciosos; entonces que
se sostengan al menos con toda la fuerza de la ley
hasta que se tenga en los cofres con qué poder pa-
garlas. Que se castigue a los intrusos que se inmiscuyen en el comercio y que se aprovechan de las
ventajas sin compartir sus cargas; estos intrusos no
deben obtener privilegios; las casas reales no deben servirles nunca más de asilo; no deberían poder introducir en la capital ni en provincias ninguna de sus ediciones piratas; que se remedie seriamente este abuso y encontraremos compañías
dispuestas a secundar estos objetivos. Que no se
espere nada importante de los protegidos subal-
ternos; nada de nada, lo repito, y menos aún de
un comerciante que lucha contra la indigencia y al
que se le impone equivocadamente un peso superior a sus fuerzas. Se trata de una tierra estéril a la
cual se le exige un fruto mientras se la priva de
los abonos necesarios. ¿Qué diría usted, señor,
de un comerciante que le vendiera caro y dispu-
siera un ladrón en la puerta para saquearlo al salir
de la tienda? Eso es lo que usted está haciendo.

"Nuestra posición, me dirá usted, es embara-
zosa." Ya lo sé. Pero se lo han buscado ustedes
mismos mediante su mala política, y es esa misma indigencia que han generado la que los retiene. No se debe castigar al inocente por las faltas
que ustedes cometen; no hay que arrancar con

una mano lo que se vende con la otra. Lo diré una
vez más. La abolición de las corporaciones, algo
que se podría hacer mañana mismo, no tiene nada
en común con los privilegios. Estos dos asuntos
se confunden tanto en su espíritu, señor, que a
duras penas logra disociarlos. Aún cuando todo
el mundo fuera libre de abrir su negocio en la
calle Saint Jacques, el comprador de un manuscrito no dejaría de ser su verdadero propietario y,
dada esta condición, un ciudadano protegido por
las leyes; mientras que el imitador tendría que ser
considerado un ladrón al que debería perseguirse
con toda la celeridad de la ley.

Cuanto más se exponga en toda su verdad el
estado actual de la imprenta y la Librería, menos
verosímil parecerá. Permítame, señor, que lo ima-
gine por un momento como impresor o librero.
Si usted se procura un manuscrito costoso, soli-
cita su privilegio y éste se le concede; si invierte
una suma considerable de dinero para la edición
sin regatear la calidad del papel, de la impresión y
de la correción, y sucede que al momento de pu-
blicarlo usted descubre una edición pirata hecha
por alguien que no ha gastado nada en copiarlo,
vendiendo ante sus propios ojos una obra de pobre tipografía y mal papel, ¿qué pensaría?, ¿qué
diría usted?

Y si además ese ladrón simula ser un hombre
honesto y un buen ciudadano; si sus superiores lo
exhortan a continuar; sí usted, autorizado a denun-

ciarlo por los reglamentos, encuentra la oposición
de los magistrados de su ciudad; si le resulta imposible obtener ninguna justicia; si las imitaciones extranjeras se suman a las imitaciones del reino; si un
librero de Lieja[40] escribe impunemente a los libreros de París que publicará el *Espectacle de la Nature*
[*El espectáculo de la naturaleza*][41] –que le pertenece
a usted– o algunos de los *dictionaires portatifs*[42] –por
cuyos privilegios usted ha pagado una suma inmen-
sa– y que, para facilitar su venta, él pone en ellos el
nombre de usted; si prepara los envíos y se encarga
de despacharlos a los lugares que él considera opor-
tunos, como a la puerta de su vecino, sin pasar por
la Cámara sindical; si él cumple su palabra; si los
libros llegan; si usted recurre al magistrado y éste lo
trata con indiferencia, ¿no se sentiría consternado,
descorazonado, y no tomaría el partido de perma-
necer ocioso, o de robar como los demás?

Y si aún sucediera que encima de este abatimiento
en que usted se encuentra, ocupando el lugar del

[40] En aquel entonces Lieja era un pequeño principado
soberano y un importante centro de publicaciones de obras
filosóficas.

[41] Los nueve volúmenes de *Espectacle de la Nature*, del
padre Noël Antoine Pluche (1688-1761), fueron publicados entre 1732 y 1750.

[42] En la segunda mitad del siglo XVIII cundieron numerosos y muy diversos diccionarios en formatos pequeños, entre
los que cabe destacar el *Dictionnaire philosophique portatif*
[*Diccionario filosófico portátil*], de Voltaire, publicado en 1764.

comerciante, se sumará una mala reforma sugerida por un cerebro hueco y adoptada por un magistrado de frente estrecha, capaz de aumentar los sinsabores que la imprenta, la Librería y las letras ya han sufrido hasta el punto de huir de Francia; entonces los encuadernadores, los doradores, los fabricantes de papel y demás profesionales vinculados a estas actividades caerían en la ruina. Sería proceder como con la venta de pieles, materia prima que los extranjeros se encargan de sacar del reino aprovechando su precio bajo para luego ofrecerlas manufacturadas. Estas consecuencias ya no podrán evitarse cuando nuestros impresores y libreros, imposibilitados de sostener su comercio y sus manufacturas, se vean reducidos a los pequeños provechos de la comisión.

Entonces usted, señor, no podrá argumentar que dicho mal se produce demasiado lejos. En Suiza, en Aviñón y en los Países Bajos, donde no tienen que pagar el manuscrito y pueden fabricar a menor costo que nosotros, se han apropiado de obras que nunca antes habían sido, ni deberían ser, impresas más que aquí.

En Aviñón,[43] sobre todo, que hace diez años no tenía más de dos impresores que languidecían

---

[43] Aviñón fue territorio de los papas desde principios del siglo XIV y su anexión a Francia sólo sucedió tras la Revolución de 1789. Por tratarse de un dominio extranjero en territorio francés, no era posible establecer controles sobre la vasta producción de libros piratas, que se vendían a bajo precio en Languedoc, Provenza o Delfinado.

y que ahora mantiene ocupados a treinta. ¿Acaso se escribe en Aviñón? ¿Se ha civilizado más esa región? ¿Existen allí autores y hombres de letras? No, señor; es un pueblo tan ignorante, tan obtuso como lo ha sido siempre; pero allí se aprovechan de la inobservancia de los reglamentos e inundan con sus ediciones piratas nuestras provincias meridionales. Éste no es un hecho ignorado; pero, ¿acaso se produce alguna alarma? De ningún modo. Nadie se alarma de nada. Pero hay algo peor: sus libreros de París, señor, sí, sus libreros de París, privados de esta rama del comercio, ya por cobardía, ya por miseria, aceptan una parte de esas ediciones. En cuanto a los libreros de provincias, sería inútil intentar abrir hoy los ojos cuando durante mucho tiempo permanecieron cerrados a sus contravenciones. Ya no se toman el trabajo de piratear, ni siquiera corren ese riesgo, siguen el ejemplo de los libreros de la capital y aceptan las ediciones piratas que provienen del extranjero.

No crea que estoy exagerando. Un hombre, cuyo nombre no revelaré por consideración a su mérito y a su condición, ha aconsejado a los impresores de Lyon que piratearan la *Histoire ecclésiastique* de Racine,[44] en catorce volúmenes en dozavo, olvidando que en aquel momento los

---

[44] Diderot se refiere a la *Abrégé de l'histoire ecclésiastique* [*Compendio de la historia eclesiástica*], del padre Bonaventure Racine (1708-1755), publicado a partir de 1752.

propietarios y los privilegiados ya habían pagado
sumas considerables por el manuscrito y otras sumas considerables por la impresión. El imitador,
con menor conciencia, no era el más adecuado
para tener mayor memoria. Sin embargo, la edición pirata y el robo no tuvieron lugar. Una edición
de Aviñón hizo desistir al librero de Lyon, quien
terminó felicitándose por haber obtenido mejor
provecho al servirse de la copia extranjera.

Súmese un poco de persecución y desorden y
cada librero se proveerá fuera de aquí según el
nivel de sus ventas. A fin de recuperar la inversión realizada sobre su manufactura, ¿qué otra
cosa más prudente podría hacer? Pero el Estado
se empobrecerá por la pérdida de sus obreros y la
mengua de las materias que nuestro suelo pro-
vee; será como enviar fuera de nuestras comarcas
el oro y la plata que nuestro suelo ya no produce.

Señor, ¿usted nunca se ha informado acerca
de la naturaleza de los intercambios del librero
francés con el librero extranjero? En su mayoría,
son libros pésimos que se intercambian por otros
igualmente pésimos; pliegos manchados o mal
impresos que circulan diez veces por los almacenes antes de llegar a su verdadero destino; y esto
luego de enormes gastos de expedición y de trans-
porte que no se recuperan jamás. Lejos de pensar
en incrementar la competencia, tal vez sería mejor ampliar la exclusividad e incluir las obras impresas por primera vez en el extranjero. Digo "tal

vez" y yo diría "seguramente", siempre que fuera
posible obtener la misma justicia para nosotros.
Pero no es posible pensar tal cosa. Los comerciantes de una nación están y estarán siempre en
estado de guerra contra los comerciantes de otra.
El único recurso posible consiste en cerrar la entrada a sus ediciones, acordar los privilegios de las
obras al primer ocupante o, si se considera mejor,
tratar tales obras como si fueran manuscritos de
autores antiguos por los cuales no hay que pagar
honorarios porque son de derecho común; luego, imitar la celeridad que ponen en piratearnos.
Esto para los libros que no contienen nada que se
oponga a nuestros principios, nuestras costumbres, nuestro gobierno, nuestro culto, nuestros
usos. En lo que se refiere a los otros, desearía de-
dicarles algunas líneas más adelante, cuando me
refiera a los permisos tácitos.

He escuchado decir: "Dado que no se puede
impedir que los extranjeros nos pirateen, ¿por qué
no autorizar al ciudadano del reino a que obre
del mismo modo? Robo por robo, es preferible
que nuestros propietarios sean hurtados por un
francés, su vecino, que por un holandés".

No, señor, esto no sería mejor; en ningún caso
se debe alentar el desprecio de las costumbres y las
leyes permitiendo que los ciudadanos se roben unos
a otros. Pero insisto una vez más, se debe hacer
todo lo posible para aplicar estrictamente los reglamentos a fin de cerrar la entrada a toda copia

extranjera. Que el de los Países Bajos, el de Ginebra o el de Aviñón pierdan más con el embargo de una edición interceptada que lo que puedan ganar con diez introducidas de manera fraudulenta. Que se multipliquen estos riesgos como se deben; que se apoye al comerciante legítimo con toda la autoridad y que se abandone el resto a su vigilancia y a su industria. Tan pronto como su edición esté cerca de aparecer, que no se dude en informar a sus corresponsales en los diez extremos del reino; que la mayor parte de su edición no quede inmovilizada; que esos corresponsales, ansiosos por disfrutar de nuestra impaciencia, sin posibilidad de proveerse en otro lugar y temiendo ser embargados y castigados si osaran vender una edición pirata, no acepten más que el papel manufacturado por el librero de la capital; y que el comerciante extranjero no envíe, salvo raramente, al de provincias una mercadería de la que puede proveerse por medio de nuestros libreros.

Dirá usted: "Pero si nosotros no adquirimos sus libros, él no adquirirá los nuestros". No piense usted que es algo bueno lo que él envía; nada le pertenece como propio, apenas produce un miserable folleto al año.

He aquí, señor, lo que yo deseaba exponerle acerca de los privilegios de librería. Pude haberme equivocado en algún punto, pero de poca importancia; pude haber dado a ciertos asuntos más peso del que realmente tienen. Sin embargo, es probable que no esté profundamente iniciado en la profesión para realizar una evaluación justa de las ventajas y desventajas; no obstante, estoy seguro de mi sinceridad y de mis luces. Ni en este asunto ni en cualquier otro de mi vida he buscado mi interés particular en detrimento del interés general; por eso disfruto de la reputación de un hombre de bien y no poseo demasiada riqueza. Por lo tanto concluyo, para terminar con este punto que he tratado con la mayor extensión dado que me parece el más importante:

1°. Que las leyes establecidas sucesivamente a lo largo de dos siglos, con conocimiento de causa, inspiradas por los problemas evidentes que le he expuesto con mesura a medida que tenían lugar; leyes mantenidas en parte bajo el reinado y la autoridad de Luis XIII, del cardenal Richelieu y de sus sucesores en el Ministerio; devenidas generales bajo el reinado siguiente con la autoridad de Luis XIV, del canciller Seguiér y de Colbert; leyes cuya necesidad no debe ahora menos que reconocer si usted pretende conservar el esplendor de la Librería, la imprenta y nuestra literatura, sean por siempre reafirmadas.

2°. Que, conforme a las cartas patentes del 20 de diciembre de 1649, 27 de enero de 1665 y a los diferentes decretos dictados en consecuencia por Luis XIV y el soberano reinante, especialmente el reglamento del 28 de febrero, artículos primero y siguientes, se observen los privilegios como puras y simples salvaguardias; las obras adquiridas, como propiedades inatacables y que sus impresiones y reimpresiones puedan ser continuadas exclusivamente por quienes en su momento las adquirieron, a menos que la obra misma contenga una cláusula derogatoria.

3°. Que la transferencia o la partición de los privilegios no se realicen jamás, salvo en el caso único en que el legítimo poseedor de la obra la deje sin valor de manera libre y consciente.

4°. Que los privilegios y los permisos se sigan registrando en la Cámara sindical de París.

5°. Que el síndico esté autorizado a suspender tal inscripción siempre que exista algún desacuerdo, o cuando tenga conocimiento de que el privilegio presentado perjudica los derechos de un tercero, y esto hasta la decisión del canciller.

6°. Que los libros extranjeros, susceptibles de privilegio y de autorización pública, pertenezcan al primer ocupante como si se tratara de un bien propio, o que sean declarados de derecho común, como se juzgue más razonable.

7°. Que las leyes referidas a la entrada de esos libros en el reino, y en particular el artículo 92 del reglamento de 1723, sean rigurosamente ejecutados y que no ingrese ningún libro sin que sea descargado en las cámaras sindicales, donde los paquetes deberán ser depositados.

8°. Que en adelante se tomen todas las precauciones convenientes para que estos paquetes no sean sustraídos de manera fraudulenta, como sucedía en el pasado.

9°. Que, en cuanto al comercio de libros en Aviñón contra el cual aún no se han pensado medidas suficientes, se prohíba la salida de ningún libro fuera del condado sin el control de un guía tomado de las *Fermes* del rey,[45] quien enviará todas las semanas al canciller un acta y un catálogo de los libros contenidos en los paquetes; que esos comprobantes sean visados en los despachos de Noves para ser descargados en Aix luego de la visita de los síndicos y los adjuntos, o en los despachos de Tulette para ser descargados en Valence por el impresor de las *Fermes* asistido por un alto empleado, o bien en los despachos de Villeneuve, para ser descargados en Lyon o Montpellier según sus diferentes destinos después de la visita de los síndicos y adjuntos; que todos los paquetes que arriben de Aviñón al reino por otras vías o sin un comprobante de caución visado como se ha dicho, queden sujetos a confiscación por un inspector ambulante de fronteras propuesto por el arrendatario comisionado a tal efecto y encargado de enviar al canciller el acta de los libros incautados; que una vez recibidas las órdenes del magistrado, se ejecu-

---

[45] Los "arrendamientos reales" eran servicios de aduana interior y exterior. Desde 1681 los "arrendatarios generales" pagaban al rey por el derecho a ejercer funciones aduaneras y cobrar impuestos.

ten conforme al reglamento; que sobre estas actas,
los síndicos y adjuntos de la comunidad de París
sean requeridos para que luego de sus observaciones estatuyan lo que corresponda.

Me parece, señor, que estas demandas están fun-
dadas en la justicia, las leyes y el bien público y
que el único medio de detener la ruina entera de
esta comunidad, de reanimar alguna competencia
entre los comerciantes que se encuentran abatidos
por la inutilidad de sus esfuerzos y por las pérdidas
diarias que sufren en emprendimientos que fueron lucrativos y que volverían a serlo si los reglamentos fueran mantenidos en vigor, consiste en
legitimar lo ya dicho; sobre todo, si usted acepta
lo que voy a decirle sobre los permisos tácitos.

Este artículo es un poco más delicado que el
precedente, de todas maneras intentaré explicar-
me con libertad. No haga caso a mis expresiones
cuando éstas le parezcan osadas o de demasiada
crudeza, aténgase sólo a la cosa. Ante todo le diré,
señor: los verdaderos libros ilícitos, prohibidos,
perniciosos, para un magistrado justo, que no se
ocupa de pequeñas ideas falsas o pusilánimes y que
se atiene a la experiencia, son los libros que se imprimen fuera de nuestro país y que nosotros adquirimos del librero extranjero, cuando deberíamos poder conseguirlos por nuestros impresores.
Son ésos y no existen otros. Si entre la autorización auténtica y pública y el permiso tácito se in-

cluyen otras distinciones establecidas por la decen-
cia que no permiten que se ataque con el privilegio del rey lo que el rey y la ley desean que se res-
pete, entonces no se ha entendido nada, pero nada
de nada. Si alguien se espanta de este inicio, no
debe proseguir: ese hombre no está hecho para la
magistratura ni para mis ideas. Pero si usted, señor, tiene el alma firme que yo creo y me escucha
con calma, mis opiniones pronto serán las de usted y usted se pronunciará como yo acerca de que
es casi imposible imaginar un caso donde se decida rehusar un permiso tácito, dado que nadie se
atrevería a dirigirse a usted para obtener el permiso de publicar esas producciones infames cuyos
autores e impresores deben refugiarse en la pro-
fundidad de las tinieblas. Se trata de libros que no
pueden publicarse en ningún lugar del mundo, ni
en París, ni en Londres, ni en Amsterdam, ni en
Constantinopla, ni en Pekín,[46] sin conocer la ven-
ganza pública, y cuyos títulos todo hombre honesto se avergonzaría de pronunciar.

"El permiso tácito, me dirá usted, ¿no es acaso una infracción a la ley general que evita que
nada se publique sin aprobación expresa y sin
autoridad?" Puede ser, pero el interés de la sociedad exige esa infracción y se deberá consentir, ya

---

[46] Muchas ediciones clandestinas indicaban efectivamen-
te como lugar de origen Constantinopla o Pekín. Provenían
en realidad de Amsterdam, de Ginebra, y hasta de París.

que el mal que se teme no se podrá evitar mediante el rigor, mientras que éste, en cambio, impedirá compensar ese mal con un bien que depende de usted.

Me dirá: "¿Cómo voy a permitir la difusión de una obra que contraria de manera evidente al culto nacional en el que creo y que respeto?, ¿cómo voy a consentir que se insulte a Aquel que yo adoro, en presencia de Aquel por quien yo bajo mi frente todos los días, que me ve, que me entiende, que me juzgará, que incluso un día pondrá delante de mis ojos esos libros?". Sí, usted deberá consentirlo. Ese Dios ha consentido que esa obra se realizara y se imprimiera; él vino a los hombres para dejarse crucificar por los hombres. "Yo, replicará, que considero a las costumbres como el fundamento más seguro, quizás el único, para asegurar el bienestar de un pueblo, fundamento cuya garantía más evidente es su duración, ¿debo padecer que se propaguen esos principios que atacan a las costumbres y las deshonran?" Sí, señor, usted debe padecerlos. "¿Yo debo abandonar a la discusión temeraria de un fanático, de un entusiasta, todas nuestras costumbres, nuestras leyes, nuestro gobierno, los asuntos más sagrados de la Tierra, la seguridad de mi soberano, la paz de mis conciudadanos?" Es duro, convengo en ello, pero tendrá que tolerarlo. Sí, tarde o temprano deberá aceptarlo con el pesar que provoca el no haberse atrevido antes.

Aquí no es cuestión, señor, de qué sería lo mejor; no es cuestión de lo que nosotros deseamos, sino de lo que usted puede y de lo que ambos decimos desde lo más profundo de nuestras almas: "Perezcan, perezcan para siempre las obras que tienden a embrutecer al hombre, a enfurecerlo, a pervertirlo, a corromperlo a hacerlo malvado". Pero, ¿puede usted impedir que se escriban? No. Pues bien, entonces no podrá impedir que un escrito se imprima y que al poco tiempo se vuelva común, codiciado, vendido y leído como si se hubiera permitido de manera tácita.

Aunque se rodearan, señor, todas nuestras fronteras de soldados, armándolos con bayonetas para rechazar todos los libros peligrosos que se presentaran, esos libros, perdóneme la expresión, pasarían entre sus piernas y saltarían por encima de sus cabezas y llegarían a nosotros.

Por favor, cíteme una de esas obras peligrosas, proscriptas, impresas clandestinamente en el extranjero o en el reino, que en menos de cuatro meses no se haya vuelto tan común como un libro privilegiado. ¿Qué libro más contrario a las buenas costumbres, a la religión, a las ideas recibidas de la filosofía y la administración, en una palabra, a todos los prejuicios vulgares y, en consecuencia, más peligroso, que las *Cartas persas*?[47] ¿Acaso hay

[47] Las *Cartas Persas* de Montesquieu fueron publicadas anónimamente en Amsterdam en 1721.

algo peor? Y sin embargo, existen cien ediciones de las *Cartas persas*, y no hay un escolar del colegio de las Cuatro Naciones[48] que no encuentre un ejemplar por 12 soles en la ribera del Sena.

¿Quién no tiene su Juvenal o su Petronio traducido? Las reimpresiones del *Decamerón* de Boccacio, de los *Contes* [*Cuentos*] de La Fontaine y de los *Romans* [*Novelas*] de Crébillon no podrían contarse. ¿En qué biblioteca pública o particular no se consiguen los *Pensées sur la comète* [*Pensamientos sobre el cometa*] y todo lo que Bayle ha escrito, el *Esprit des lois* [*El espíritu de las leyes*], el libro *Del espíritu*, la *Histoire des finances*, el *Emile* de Rousseau, su *Héloise*, su *Traité de l'inégalité des conditions*, y otros cien mil que yo podría nombrar?[49]

[48] Fundado por el cardenal Mazarino en 1661, era uno de los colegios de la Universidad de París.

[49] *Pensées sur la comète*, de Pierre Bayle (1647-1706), se imprimieron bajo seudónimo en 1683 en Rotterdam. *Del espíritu* de Claude Adrien Helvetius (1715-1771) fue publicado anónimamente en 1758. Luego Diderot se refiere a *Recherches et considérations sur les finances de la France* [*Investigaciones y consideraciones sobre las finanzas de Francia*], de Véron de Forbonnais (1722-1800), que se publicó en Bâle en 1758. *Emilio o la educación*, de Jean Jacques Rousseau (1712-1778), fue publicado por Duchezne en París en 1762 bajo la firma *chez Néaulme à La Haye* [por Néaulme en La Haya]. *Julia o la nueva Eloísa* y el *Discurso sobre el origen y los fundamentos de la desigualdad entre los hombres* se publicaron bajo la firma *chez Rey à Amsterdam* [por Rey en Amsterdam] en 1761 y 1755 respectivamente.

¿Acaso nuestros tipógrafos franceses no pueden imprimir al pie de la primera página "Por Merkus, en Amsterdam" del mismo modo que los operarios holandeses?

La policía ha puesto manos a la obra con todos sus mecanismos, con toda su prudencia, con toda su autoridad para eliminar el *Despotisme oriental* del difunto Boulanger[50] y para privarnos de la *Lettre de Jean Jacques à l'archevêque de Paris*. No conozco una segunda edición del *Mandament de l'archevêque*;[51] pero conozco cinco o seis ediciones de ambas obras que nos envían desde provincias por 30 soles.

El contrato social impreso y reimpreso se distribuye a valor de un escudo debajo del vestíbulo del palacio del soberano.[52]

[50] *Les recherches sur le despotisme oriental* [*Investigaciones sobre el despotismo oriental*], de Nicolas Antoine Boulanger (1722-1759) circularon como manuscritos antes de ser publicadas en Ginebra en 1761, en Londres en 1762 y en París en 1763.

[51] Se refiere a la *Carta a Christophe de Beaumont, Arzobispo de París*, de Jean Jacques Rousseau, impresa bajo la firma *chez Rey à Amsterdam* en 1763, en respuesta al *Mandamiento del arzobispo de Beaumont* que un año antes había condenado *Emilio* por considerarla ofensiva a la religión cristiana.

[52] *El contrato social* o *Principios de derecho político*, de Rousseau, se publicó bajo la firma *chez Rey à Amsterdam* en 1762. Los primeros ejemplares fueron despachados en abril a la librería de Durand en París. Malesherbes se opuso a la entrada de los libros y fueron confiscados en Ruán. Pero el *Contrat*

¿Qué significa esto? Pues que nosotros no hemos dejado de conseguir estas obras; que hemos pagado al extranjero el precio de una mano de obra que un magistrado indulgente y con mejor política hubiera podido ahorrarnos y que de esta manera nos ha abandonado a los buhoneros que, aprovechándose de una doble curiosidad, triple por la prohibición, nos han vendido bien caro el peligro real o imaginario al que ellos se exponían para satisfacerla.

Entre las producciones que dependen del permiso tácito, es conveniente distinguir dos tipos: uno, de autores extranjeros, publicados fuera del reino; otro, de autores del reino, manuscritos o publicados bajo título extranjero.

Si el autor es un ciudadano y presenta un manuscrito, que se lo acoja; que se aproveche la confianza que demuestra al presentar una obra cuyo atrevimiento él conoce mejor que usted. Al comparecer, en virtud del respeto que él debe a los usos de su país y en consideración a su propia tranquilidad, asume el riesgo de que se le imponga una supresión total, una forma más moderada, más circunspecta, más recatada, cuando no la total renuncia. Casi no hay nada que usted no

_____

fue introducido por contrabando. Los primeros ejemplares circularon en París en junio y ya en agosto eran muy requeridos. Otra edición salió de Ruán en septiembre; fue introducida en París vía Versalles y también fue confiscada.

pueda obtener del deseo que él tendrá por hacer imprimir su obra, por releer las pruebas, por corregirse; además, valorará la comodidad de encontrar bajo su indulgente protección a un comerciante que le hará un trato honesto. De este modo se podrán conciliar, tanto como sea posible, dos cosas demasiado opuestas para intentar que concuerden de manera perfecta: las operaciones particulares y el bien público.

Si el autor, como puede suceder, no se aviene a sacrificar nada, si persiste en dejar su obra tal como la ha escrito, es mejor despedirlo y olvidarlo; pero con un olvido muy real. Considere que luego de una amenaza o del menor acto de autoridad no aparecerán más autores. Durante un tiempo perderán el interés y sus producciones se irán derecho hacia el extranjero, donde los autores no tardarán en acudir. "¡Pues bien, tanto mejor, dirán ustedes, que se marchen!" Si hablaran así, demostrarían poca reflexión en lo que dicen pues perderían a los hombres que los procuraban enviando sus producciones a que se impriman un poco más lejos. Luego de algún tiempo entrarían los libros más atrevidos y si considerasen esas producciones como una fuente de corrupción, le advierto que serían más pobres y brutos sin estar menos corrompidos. Ustedes dirán: "De esta manera nuestro siglo deviene más iluminado". No es así, son ustedes quienes no tienen las luces necesarias para nuestro siglo. "No nos agradan los que razonan de esta manera." Es que en realidad ustedes temen a la razón.

Si la obra aparece, tanto en el reino como en el extranjero, cuídense mucho de mutilar siquiera una línea; esas mutilaciones no remedian nada, se reconocen enseguida. Ocurre que una de las ediciones se designa como buena y la otra como mala, luego se menosprecia y allí queda, mientras la primera, que por lo general es la extranjera, deviene la más buscada. Por cuatro palabras que resultaron chocantes y que nosotros leemos muy a pesar de ustedes, se obtiene un impresor arruinado, y un competidor extranjero enriquecido.

Si no hay modo de aceptar, como la experiencia de todos los tiempos ha demostrado, que una obra, cualquiera sea su clase, salga de nuestros talleres o pase al extranjero y desde allí venga a venderse aquí, por ese lado no habrá nada que ganar, y por el otro, se perjudicarán los intereses del comercio. Que se autorice entonces a nuestro impresor, aunque sólo sea para salvar a la autoridad del desprecio y a las leyes de la infracción; de no ser así, la autoridad será despreciada y las leyes infringidas. No dude en esto, señor, porque ocurrirá siempre que los riesgos resulten más o menos compensados por los beneficios. Ya hemos visto, por su severidad, cómo en 24 horas se elevaba el precio de un volumen en dozavo de 36 soles a 2 luises. Yo podría demostrarle que en cien ocasiones el hombre expone su vida por alcanzar la fortuna. La fortuna es algo presente, el peligro parece lejano y jamás ningún magistrado tendrá sentimientos tan atroces para decir: "Yo haré ahorcar, haré quemar, haré encerrar a un ciudadano" tan firmemente, tan constantemente, como un hombre emprendedor decirse a sí mismo: "Voy a ser rico".

Por lo tanto, no hay ningún libro medianamente escandaloso del que no hayan entrado en dos meses doscientos, trescientos, cuatrocientos ejemplares sin que ninguna persona se haya comprometido. Como esos ejemplares circulan por muchas manos, es imposible que no surja en algún rincón de este reino un impresor temerario entre tantos hombres ávidos de ganancia que logre que la obra se vuelva común.

Si se autoriza mediante un permiso tácito la edición de una obra atrevida y se controla legalmente la distribución, se habrá eliminado ese primer efecto. Yo conozco cien obras que han pasado sin ruido, porque la connivencia del magistrado impidió un escándalo que la severidad no hubiera podido menos que desencadenar.

Si dicho escándalo, señor, tuviera lugar a pesar de toda su seriedad y prudencia, no deje partir al autor, sería una indignidad; no abandone al comerciante que se comprometió amparado en su voluntad arbitraria. Por más que grite en un tono más alto que los demás; por más que ordene investigaciones exhaustivas llevadas a cabo con el aparato más formidable; por más que involucre al oficial de policía, al comisario, a los síndicos, a la guardia; por más que ellos salgan por todas partes, de día y frente a los ojos de todo el mundo, nunca se encontrará nada. Es necesario que sea así. No se les puede decir a ciertas personas, y menos aún darles a entender, que aquí se ha permitido tácitamente la publicación de una obra sólo porque resultaba imposible impedirla en otra parte y que no quedaba otro medio de protegerla que la connivencia forzada y el interés del comercio.

La mayor parte de quienes se manifiesten ofendidos por el consejo que le estoy dando serán buenos israelitas sin visión, experiencia, ni sentido común; los demás serán seres profundamente malvados que responderán al tipo de personas que jamás se han preocupado por el interés de la sociedad en tanto que el suyo se encuentre a salvo; así lo han demostrado en ocasiones más importantes. Escúchelos, interróguelos y verá que, si de ellos dependiera, no dudarían en llevar un cuchillo en la mano para degollar a la mayor parte de los hombres que tuvieran la fortuna o la desgracia de no pensar como ellos. Lo más notable es que estas personas, con total desprecio de la autoridad, se han arrogado siempre las mismas libertades de hablar y de escribir que intentan despojarnos; a pesar de que sus discursos sediciosos y sus obras extravagantes y fanáticas sean las únicas que hasta el presente han turbado la tranquilidad de los Estados y han puesto en peligro las cabezas coronadas.

Sin embargo, no excluyo sus libros del número de aquellos que se debe permitir de manera tácita; pero que el comercio de todos los libros prohibidos se realice por nuestros libreros y no por otros. El comercio de libros realizado por particulares sin profesión, sin condición y sin fondos es un intercambio de dinero por papel manufacturado; mientras que si se trata de comerciantes con título es casi siempre un intercambio de industria por industria y de papel manufacturado por papel manufacturado.

Usted conoce el éxito que conoció el *Dictionnaire* de Bayle cuando apareció y el furor que suscitó esa obra en toda Europa.[53] ¿Quién no hubiera deseado tener un Bayle al precio que fuera? ¿Y quién no lo tuvo a pesar de todas las precauciones del Ministerio? Las personas que no lo conseguían por medio de nuestros comerciantes se dirigían al extranjero; la obra llegaba por caminos indirectos y nuestro dinero se marchaba. El librero, excitado por su interés e imbuido por una consideración sana y política, se dirigía al Ministerio y no encontraba dificultades en exponer la diferencia entre un comercio de dinero por papel

[53] La primera edición del *Dictionnaire historique et critique* [*Diccionario histórico y crítico*] de Bayle fue impresa por Leers, en Rotterdam, en 1697. Las tres ediciones siguientes también se publicaron en el extranjero. La quinta se hizo en Francia (Trévouz, 1734) pero con la rúbrica *à Amsterdam*.

y un comercio de papel por papel; el Ministro le respondía que tenía razón y, sin embargo, jamás abrió la puerta del reino a Bayle. Esta apreciación acerca de lo justo de su demanda y el rechazo por la cosa demandada, asombraron al librero; pero el magistrado añadió a continuación: "Es que debe hacerse algo mejor, debe imprimirse", y entonces Bayle se imprimió aquí.

Ahora bien, yo le pregunto, señor: si la sensatez aconsejaba realizar en Francia la tercera o cuarta edición de Bayle, ¿no fue una estupidez haber impedido que se hiciera la segunda o la primera?

No discutiré si esos libros peligrosos lo son porque eso se cree de ellos; si la mentira y el sofisma son, tarde o temprano, reconocidos y menospreciados; si la verdad, que no se ahoga jamás, se propaga poco a poco avanzando mediante los progresos casi insensibles sobre los prejuicios establecidos y deviene general luego de un lapso sorprendente; no discutiré si la verdad puede temer algún peligro real. Pero yo veo que la proscripción, cuanto más severa resulta, más eleva el precio del libro, más excita la curiosidad de la lectura y produce que la obra se venda y se lea más. Gracias a la proscripción, ¿cuántos libros mediocres y condenados al olvido nos han resultado conocidos? ¿Cuántas veces el librero y el autor de una obra privilegiada no habrían deseado decirles a los magistrados de Policía: "Señores, por favor, un pequeño fallo que condene esta obra a ser

lacerada y quemada al pie de vuestra gran escali-
nata"?[54] Cuando se conoce la sentencia de un libro, los obreros de la imprenta dicen: "Bien, ahora
tenemos una edición segura".

A pesar de lo que usted haga, jamás podrá impedir que se establezca un nivel entre la necesidad
que tenemos de obras peligrosas o inofensivas; tampoco podrá determinar el número de ejemplares
que esa necesidad exige. Dicho nivel sólo se esta-
blecerá un poco más rápido si usted fija un dique.
La única cosa que conviene tener en claro, el resto
no significa nada por más que se presente bajo as-
pectos alarmantes, es si usted desea preservar su
dinero o dejarlo partir. Insisto una vez más, cíteme un libro peligroso que no se pueda conseguir.

Considero que es útil para las letras y para el
comercio multiplicar los permisos tácitos al infinito, sin aplicar a la publicación y a la distribución
de un libro más que una suerte de conveniencia
que satisfaga a los espíritus pequeños. Se denuncia
a un autor, las leyes lo proscriben, su sentencia se
hace pública, su obra es lacerada y quemada, y dos
meses después se la encuentra en los puestos del
Sena. Esto constituye un desprecio manifiesto por
las leyes que jamás debería ser tolerado.

Que un libro prohibido se encuentre en el almacén del comerciante, que éste lo venda sin com-

prometerse, pero que no cometa la impudicia de exponerlo en el mostrador de su tienda sin arriesgarse a ser sancionado.

Yo creo que si un libro es adquirido por un librero que ha pagado por el manuscrito y se publica con un permiso tácito, ese permiso equivale a un privilegio; quien lo piratee comete un robo que el magistrado a cargo del control de la Librería debe castigar con toda severidad en virtud de que no puede ser perseguido por las leyes. La naturaleza de la obra que impide un acto jurídico no afecta al hecho de la propiedad.

Si la obra prohibida, cuya impresión se solicitó en nuestro país, ha sido publicada en el extranjero, me parece que entra en la clase de bienes del derecho común y por lo tanto se puede usar tal como el reglamento o el uso disponen en materia de los libros antiguos: la copia no le ha costado nada al librero, quien no tiene el título de propiedad. Que se actúe como mejor parezca: que se otorgue el objeto como favor, como recompensa de un librero o de un hombre de letras, como honorarios de un censor, o que quede como propiedad del primer ocupante; pero, lo repito una vez más, que no se produzcan mutilaciones.

Por su parte, cuanto más se generalicen los permisos tácitos, más importante será elegir correctamente a los censores. Que sean personas de peso por sus conocimientos, sus costumbres y por la consideración que han obtenido; que cuenten

con todas las distinciones personales que se puedan imponer a un autor joven. Si yo, durante el
calor de la edad, durante aquellos tiempos en que
por abrir la puerta de la consideración se hacía
saltar el honor por la ventana, cometí algunas
faltas, ¡de qué modo las he reparado!

No podría indicar el número de producciones de todas las especies por las cuales he sido
consultado, ni la cantidad de autores que retuve
a tiempo explicándoles con vigor las persecucio-
nes a las cuales se verían expuestos, los obstáculos
que les saldrían al paso en sus carreras, las incer-
tidumbres que conocerían en sus vidas y los pe-
sares amargos que sufrirían. Es cierto que yo ha-
blaba un poco por experiencia, pero si he conseguido algo, ¿qué servicios no podrían esperarse
de hombres más importantes? Cuando abro mi
Almanach Royal[55] y en medio de una lista enorme
y al lado de nombres como Ladvocat, bibliotecario
de la Sorbona, Saurin, Astruc, Sénac, Morand, Louis,
Clairaut, Deparcieux, Capperonier, Barthélemy,
Béjot y otros nombres que me abstengo de nombrar pero sin venerar menos;[56] cuando abro mi

[55] El "Almanaque real" era un anuario oficial y adminis-
trativo, fue publicado por primera vez en 1699 con el auspi-
cio de Luis XIV.

[56] Los censores se agrupaban en diferentes materias según su especialidad: Ladvocat, Saurin, Barthélemy y Béjot
en letras; Clairaut y Deparcieux en matemáticas; Astruc,
Sénac, Morand y Louis en medicina; Capperonier en teolo-

Almanach, repito, y encuentro una multitud de nombres de censores desconocidos, no puedo evitar levantar los hombros. Deberían tacharse las tres cuartas partes de esas personas que se han revestido de la calidad de jueces de nuestras producciones en ciencias y en artes, sin que nadie sepa en virtud de qué méritos. Asimismo, debería conservarse el pequeño número de los otros, quienes se encuentran en excelentes condiciones para aconsejar sabiamente a un autor sobre su obra; ellos merecen un reconocimiento digno de sus funciones.

Ya existen algunas pensiones, ¿qué impide añadir a esta expectativa un pequeño tributo sobre la misma obra censurada? Además, en el ejemplar que se destina al censor, sino por derecho al menos por costumbre, ¿por qué no se fija un honorario relativo al volumen, con cargo al autor o al librero? Por ejemplo, 18 libras por el volumen en dozavo, 1 luis por el volumen en octavo, 36 libras por el volumen en cuarto, 2 luises por el volumen en folio. Dicha tasa no sería demasiado onerosa para nadie a quien se le demandara. Es nada si la obra resulta exitosa y sólo es un liviano aumento de la pérdida si fracasa; además, sólo se pagaría si la obra deviene susceptible de un privilegio o de un permiso tácito.

---

gía. El número de censores oficiales en 1742 era de 77; en 1785 llegaría a 183.

La situación es totalmente diferente a lo que sucede en Londres: allí no hay privilegios ni censores. Un autor lleva su obra al impresor, ésta se imprime y aparece. Si por su osadía la obra se gana la animadversión pública, el magistrado se dirige al impresor y éste declara o silencia el nombre del autor: si lo calla, procede contra él; si informa, procede contra el autor. Me enfadaría mucho si esa política se estableciera aquí: enseguida tendríamos demasiados sabios.

Sea como fuere, lo que importa es mantener los reglamentos de las corporaciones, dado que es un intercambio que el gobierno concede a algunos ciudadanos por los impuestos particulares que establece sobre ellos; al menos mientras no lleguen tiempos mejores que permitan liberar a la industria de todas sus trabas perniciosas para la adquisición de préstamos; préstamos que esas corporaciones intentan obtener para enfrentar tales imposiciones. Señor, no dudo en denunciar ante usted un abuso que a diario se acrecienta en detrimento de la comunidad y del comercio de libros; me refiero a la cantidad de personas sin conocimientos, sin títulos y sin autoridad que se inmiscuyen con una notoriedad inusitada. Al abrigo de las protecciones que han conseguido y de los sitios privilegiados que ocupan, estas personas venden, compran, copian, despachan las ediciones piratas, tanto nacionales como extranjeras, y nos perjudican de cien maneras distintas sin inquietarse por la severidad de las leyes. ¿Cómo es posible que el pequeño beneficio que reciben los particulares ciegue los ojos del magistrado ante el mal que provoca? Me pregunto qué sucedería con nuestra Librería si la comunidad, reducida a la ruina, viniera de pronto a disolverse y todo el comercio recayera en manos de estos miserables agentes del extranjero. ¿Qué cabría esperar? Ahora que por toda clase de artimañas ilícitas han conseguido una comodidad que seguramente no volverán a conocer jamás, habría que convocarlos a todos y proponerles la reimpresión de algunas grandes obras que nos faltan; de ese modo se tendría en claro quiénes merecen la profesión: si aquellos que adquirieron por su educación, su aplicación o su experiencia, el conocimiento de libros antiguos, raros y preciosos, aquellos a quienes los hombres lúcidos se dirigían habitualmente, tanto para comprar o vender, esos libreros en cuyos almacenes se encuentra depositada toda la buena literatura y que la mantienen vigente gracias a su trabajo; o por el contrario, esa tropa de pobres ignorantes que no tienen más que basura, que no saben nada, cuya industria consiste en despojar a los legítimos comerciantes y empujarlos, mediante la supresión de sus rentas diarias, a la desgraciada condición de no poder brindar sus servicios, los cuales no podremos esperar de nadie más. ¿Dónde está la equidad de crear un bien, abrumarlo de imposiciones y abandonar el beneficio a otros que no comparten dichas cargas? Se trata de una distracción y una superchería indignas de un gobierno que actúe con cierta cordura o dignidad.

"Pero, me dirá usted, ¿acaso la comunidad no acoge a esas personas? Algunos casos se han presentado." Convengo en ello; pero no veo que se le pueda reprochar a un gremio, que tiene un rango honesto en la sociedad, la delicadeza de rechazar a sus lacayos. La mayor parte de los vendedores ambulantes comenzaron por ser los lacayos de los libreros. Ellos no son conocidos por sus maestros más que por los emprendimientos hechos en desmedro de su comercio y a espaldas de la ley. La educación y los modos que poseen son sospechosos o, para hablar de manera más exacta, sus modos no lo son en absoluto. Sería difícil citar sólo a uno en condiciones de cumplir con el menor requisito de los reglamentos; no saben leer ni escribir. ¡Estienne, célebres impresores de otros tiempos, qué dirían ustedes si les fuera dado levantarse y venir hacia nosotros, para posar los ojos sobre la corporación de libreros y ver a los dignos sucesores y a los que pretenden asociarse!

Sin embargo, yo, que he conversado más de una vez con los mejores impresores y libreros de París, puedo asegurar que todos están dispuestos a prestarse a ciertos convenios. Que se separe de la multitud de esos intrusos a veinte que no tengan mala reputación, si es que los hay, y la corporación no se rehusará a afiliarlos. Formarán una clase subalterna de mercaderes que continuarán habitando los barrios que ocupan, dado que por una ridiculez que enseguida le explicaré, los libreros no pueden cambiar de zona; serán reconocidos por la Cámara sindical; se someterán a los reglamentos generales y podrá hacerse uno particular para ellos; se les fijarán los límites de su comercio; aportarán de manera proporcional a las exigencias impuestas al gremio, y los hijos de esos menesterosos, más educados y más instruidos que sus padres, un día podrán presentarse como aprendices y ser admitidos.

Me parece que de este modo se conciliarán los intereses entre la buena y sólida Librería y la pereza de las personas de mundo, que encuentran muy cómodo que se acerquen esos sirvientes a ofrecerles durante la mañana las pequeñas novedades del día.

Mientras se toma alguna decisión sobre lo antedicho, si los libreros piden que, conforme a los decretos y reglamentos de su profesión y en particular al artículo 4 del decreto del 27 de febrero de 1723, se castigue según el rigor de las leyes a todos aquellos que se mezclan en su comercio sin estar calificados, se deberá acceder a su justo reclamo. A pesar de las ordenanzas del 20 de octubre de 1721, del 14 de agosto de 1722, del 31 de octubre de 1754 y del 25 de septiembre de 1742, las casas reales y otros asilos prostituidos en ese bandidaje parecen, sin embargo, demasiado respetables para realizar en ellos confiscaciones y otras acciones;

poco importa, que se actúe con severidad con quienes tengan tienda abierta y almacenes. Yo considero que a menos que se produzca una inversión de la equidad, que no se conoce y que significaría: "Deseo que haya entre los ciudadanos quienes me paguen tanto por el derecho de vender libros y quienes no me paguen nada; quiero que existan imposiciones para unos y no para otros incluso cuando esta distinción sea ruinosa; quiero que éstos estén sujetos a las leyes que me plazcan y que aquéllos estén liberados; que aquél, a quien di permiso para adquirir su título a condición de que me proveyera de tal o cual servicio, sea vejado; y que aquel otro, que ha actuado sin título y que de nada me ha proveído, se aproveche de la ventaja que le aporta esa vejación que yo ejerzo sobre su competidor"; a menos que esto se produzca, repito, se deberá acceder a las demandas del librero.

Sin embargo, como usted no desdeña nada de lo que se refiere al ejercicio de sus funciones, y dado que aquello que sirve para esclarecerlo cesa de ser minucioso ante sus ojos, voy a explicarle el primer origen de esta multitud de vendedores ambulantes que han aparecido tan súbitamente como esos insectos que devoran nuestras cosechas de Angoumois. Yo lo relaciono con un reglamento que pudo ser razonable en el pasado pero que por cambios de circunstancias ha devenido totalmente ridículo. Ese reglamento, que data de la primera introducción de la imprenta en Francia, prohibe a todo librero y a todo impresor trasladar su domicilio más allá del límite de los puentes.

La imprenta se estableció en París en 1470. Y fue Jean de la Pierre, prior de Sorbona, quien brindó ese servicio a las letras francesas. La Sorbona, célebre en aquellos tiempos, fue el primer lugar donde se instalaron los artistas que él había convocado. Ese arte nuevo dividió a la profesión de librero en dos clases: la de los comerciantes de manuscritos y la de los comerciantes de libros impresos. El vínculo entre ambas profesiones los reunió en un solo gremio; todos vinieron a ser impresores y quedaron comprendidos indistintamente bajo la inspección de la universidad. El interés de su comercio los había reunido en aquel barrio y allí fijaron sus domicilios.

En 1448, Carlos VIII, ante la solicitud de los arrendatarios contra el gran número de privilegiados y a fin de disminuirlos, fijó el número de libreros de la universidad en 24; los otros, sin participar de los privilegios, fueron asignados por la comodidad de la venta a los mismos emplazamientos que habitaban.

Mientras tanto, favorecido por la imprenta, el gusto por la lectura se extendió. Los curiosos de los libros se multiplicaron y el pequeño recinto de la montaña[57] no pudo encerrar toda la cien-

[57] Diderot se refiere a la colina de *Sainte Geneviève*, donde se encontraba la abadía consagrada a la patrona de París;

cia de la capital. Algunos comerciantes soñaron con desplazarse y asentar sus domicilios más allá de los puentes. Sin embargo, la comunidad, que de una conveniencia había hecho una ley de rigor, se opuso, y los síndicos y adjuntos encargados del control interno del gremio alegaron que, debido a la inspección de los libros foráneos que ocupaba la mayor parte del tiempo, no podían ocuparse de las imprentas si éstas se alejaban unas de otras dispersándose en un gran espacio.

De allí los decretos del Consejo y del Parlamento, y las declaraciones incorporadas al código de la Librería mediante el artículo 12 del reglamento de 1723, que prohibe a los impresores y libreros de París trasladar sus domicilios fuera del barrio de la universidad.

Dicho recinto les fue estrictamente asignado a quienes tuvieran almacenes o tiendas abiertas y fueran al mismo tiempo impresores y libreros. En cuanto a quienes eran únicamente libreros, se les acordó el interior del Palacio de Justicia; a quienes comerciaban libros de Horas y pequeños libros de Oraciones, los alrededores del Palacio y la autorización para extenderse hasta la zona de Gesvres.

Toda esta normativa de los domicilios fue confirmada después de 1600 mediante una serie de sentencias, decretos y declaraciones que han per-

---

en el siglo XII se estableció allí una escuela de copistas y una biblioteca eclesiástica.

sistido incluso después de haberse reducido a 36 el número de impresores de París; hoy sigue en vigor a pesar de que ya no subsiste ninguno de los motivos que la instituyeron. Así como la antigua condición de la Librería y las letras exigía aquella normativa, hoy es necesario reformarla.

El arte tipográfico toca tan de cerca a la religión, a las costumbres, al gobierno y a todo el orden público, que para garantizar la aplicación rápida y fácil de las inspecciones sería mucho más útil reunir a las imprentas en el menor espacio posible. Que se mantenga, en buena hora, el reglamento que las retiene en el barrio de la universidad. Pero para las tiendas y los almacenes de librería, donde las visitas administrativas son infrecuentes, donde es raro que la noticia de la venta no conduzca directamente al lugar de la malversación, que la aplicación del remedio, cuando sea necesario, no sufra retrasos o impedimentos por algún obstáculo.

Por otra parte, el sector de la ciudad que se encuentra fuera del área de la universidad es el más extenso. Se encuentran casas religiosas, comunidades eclesiásticas, gentes de ley, literatos y lectores de cualquier género. Cada hombre opulento, cada pequeño particular que no es bruto, posee su biblioteca más o menos vasta. Sin embargo, debido a la vieja política que concentraba a los libreros en un espacio continuo para ejercer su oficio mientras el interés de estos comerciantes y la comodidad pública pedían que se expandieran por todos lados, hubo algunos hombres indigentes que se echaron sobre sus espaldas un saco lleno de libros comprados o cedidos a crédito en las tiendas de los libreros. Algunas pobres mujeres siguieron ese ejemplo y llenaron sus delantales. Y unos y otros pasaron los puentes y se presentaron a la puerta de los particulares. Los libreros, viendo que esto les facilitaba la venta, les concedieron un pequeño descuento que les animó a proseguir. El número de buhoneros aumentó; entraron por todas partes, encontraron buena acogida; sus tiendas y almacenes no tardaron en entrar al Palais Royal, al Temple y a otros palacios y lugares privilegiados. Estas personas sin cualidades, sin costumbres, sin luces, guiados por el único instinto del interés, se aprovecharon también de la prohibición que retenía a los libreros de un lado de la ribera y fueron a hacer todo su comercio en el otro.

Si al menos hubieran continuado aprovisionándose entre verdaderos comerciantes, la cosa hubiera sido tolerable; pero no: conocieron algunos autores, adquirieron manuscritos, obtuvieron privilegios, encontraron impresores, piratearon libros, compraron las ediciones piratas del extranjero, desplazaron a la Librería antigua y moderna del comercio del país y, en lo que respecta a los bienes exóticos, no hicieron ninguna distinción, no respetaron ninguna propiedad, compra-

ron todo lo que se les presentó, vendieron todo
lo que se les pidió, y una de las razones secretas
que los hizo merecedores de un gran crédito fue
que, mediante sus mañas serviles, proporciona-
ron a hombres con algún carácter y a mujeres
con algún vestigio de pudor, libros abominables
cuyos títulos jamás se hubieran atrevido a pronunciar ante un honesto comerciante. De esa suerte de lacayos, aquellos que no encontraron am-
paro en los lugares privilegiados, lograron, ignoro cómo, impunidad; consiguieron espacios y
almacenes abiertos donde invitaron y recibieron
a los mercaderes. Se hicieron corresponsales en
las provincias del reino y en el extranjero y, como
unos no conocían nada acerca de las buenas ediciones y los otros no ponían ningún cuidado en
saberlo, cada comerciante proporcionó la calidad
de su mercancía según la inteligencia y el gusto
de su comprador. El precio vil con que el buho-
nero vendía sus libros mal editados privó al verdadero librero de esa rama de su comercio. ¿Cómo
podríamos sorprendernos de que ese comerciante haya caído en la indigencia, de que ya no tenga
más crédito, si los grandes emprendimientos fueron abandonados luego de que un gremio, antes
honrado y con tantas prerrogativas devenidas inútiles, quedó reducido por todos lados?

   ¿No sería una contradicción por demás extraña
que hubiera libros prohibidos –para los cuales nadie, en ningún lugar del mundo, se atrevería a soli-

citar su privilegio ni esperar su posesión tácita–, libros cuya distribución, sin embargo, resultara protegida merced a una cierta clase de hombres que los procuran al margen de la ley, a la vista del magistrado, y que los venden más caros por el supuesto peligro y la infracción manifiesta de las leyes?

¿No sería también una extraña contradicción rehusar al verdadero comerciante –de quien se exige juramento de fidelidad al oficio, que es asediado con impuestos y cuyo mayor interés es impedir las imitaciones fraudulentas– una libertad, o más bien una licencia, que se le concede a otros menos calificados?

¿No es también una contradicción el hecho de encerrar al comercio –ya sea para ese llamado "prohibido", ya sea para ese otro llamado "autorizado"– en un pequeño cantón, mientras que toda la ciudad esta abandonada a los intrusos?

Yo no entiendo nada acerca de toda esta administración, ni tampoco usted, me parece.

Que no se rehuse ningún permiso tácito; que en virtud de tales permisos tácitos el verdadero comerciante disfrute de manera tan tranquila y segura como bajo la fe de un privilegio; que estos permisos sean sometidos a los reglamentos; que si no se puede controlar a los buhoneros, se los afilie en el gremio de la Librería; que se haga todo lo que se juzgue conveniente, pero que no se oprima más al verdadero comerciante en un pequeño espacio que limita y anonada su trabajo cotidiano; que el verdadero comerciante pueda establecerse donde desee; que el literato y el hombre de mundo no se dejen ganar por la comodidad de dirigirse a personas sin permiso ni se fastidien por ir a buscar lejos el libro que desean. Actuando de esta manera, el público será servido y el imitador, cualquiera sea su condición, quedará en evidencia y por lo tanto menos tentado a transgredir.

La emigración que yo propongo no dejará al barrio de la universidad desierto de librerías. Podemos remitirnos al interés. Aquel que ha orientado su comercio hacia los libros clásicos, griegos y latinos, no se alejará jamás de la puerta de un colegio. Es por eso que la universidad no se ha opuesto a esta dispersión y no ha estipulado nada al respecto en el decreto de la reglamentación del 10 de septiembre de 1725.

Los libreros establecerán su domicilio donde mejor lo consideren; en cuanto a los 36 impresores que serían suficientes para proveer a los sabios de la montaña, ellos permanecerán en el primer recinto, y de este modo proveerán al interés de la religión, del gobierno, de las costumbres, a la libertad del comercio, a la protección urgente de la Librería, a la comodidad general y al bien de las letras.

Si los libreros piden la complacencia del rey para que les sea permitido pasar los puentes; si piden la derogación de los decretos y reglamentos que así lo impiden, se les deben conceder.

Si solicitan prohibiciones expresas para todos los buhoneros y otras personas sin cualidades con el fin de que no se inmiscuyan en su comercio ni se establezcan en las casas reales y otros lugares privilegiados, bajo amenazas de multas, daños, intereses, incluso persecución extraordinaria, información, sumarios, penas según las ordenanzas, embargos y demás, deben serles concedidas.

Si los libreros exigen que se prohíba a todos los libreros foráneos y extranjeros contar con depósitos y almacenes; si piden que se imponga la obligación de comprar libros sólo a los verdaderos comerciantes, también debe serles concedido.

Todas estas obligaciones me repugnan, quizás más que a usted; pero se procura la libertad total del comercio, la extinción de todas las comunidades, la supresión de los impuestos consiguientes y la quita de aquellas deudas que los libreros honestos contrajeron por las necesidades del Estado, o debe vigilarse la satisfacción completa de los derechos que les venden. Sin los cuales, lo repito, serán ustedes como el comerciante que dispone a un ladrón en la puerta de su tienda para que hurte la mercancía que acaban de comprarle. Será como mantener a los ciudadanos agrupados en gremios bajo el pretexto de unos altos intereses, pero con el fin de oprimirlos a todos con mayor seguridad.

ÍNDICE

Se terminó de imprimir en el mes de marzo de 2003
en los Talleres Gráficos Nuevo Offset
Viel 1444, Capital Federal